创意写作书系（青少版）

北大附中创意写作课
修订版

李 韧 著

中国人民大学出版社
·北京·

图书在版编目（CIP）数据

北大附中创意写作课/李韧著. -- 2版，修订版.
北京：中国人民大学出版社，2025.5. --（创意写作书
系：青少版）. -- ISBN 978-7-300-33453-0

Ⅰ. H05-49

中国国家版本馆 CIP 数据核字第 2024RK6558 号

创意写作书系（青少版）
北大附中创意写作课（修订版）
李 韧 著
Beida Fuzhong Chuangyi Xiezuoke

出版发行	中国人民大学出版社
社　　址	北京中关村大街 31 号　　　　邮政编码　100080
电　　话	010-62511242（总编室）　　010-62511770（质管部）
	010-82501766（邮购部）　　010-62514148（门市部）
	010-62511173（发行公司）　010-62515275（盗版举报）
网　　址	http://www.crup.com.cn
经　　销	新华书店
印　　刷	天津中印联印务有限公司
开　　本	890 mm×1240 mm　1/32　　版　次　2020 年 1 月第 1 版
	2025 年 5 月第 2 版
印　　张	9.625 插页 1　　　　　　　　印　次　2025 年 5 月第 1 次印刷
字　　数	225 000　　　　　　　　　　　定　价　59.00 元

版权所有　　侵权必究　　印装差错　　负责调换

序

创意写作（creative writing）虽是舶来品，但近些年来在国内非常流行。我也曾"滥充"创意写作专业导师，但对这种写作的了解非常粗浅，直至读了北大附中李韧老师的《北大附中创意写作课》，才算有了更清晰的认识。

一

2015年9月，李韧在北大附中设立了创意写作工坊。但课程伊始并不顺利，在经历了一段艰难的磨合后，李韧的课逐渐受到同学们的欢迎，她青少年时期"如果能和其他人一起写，该多好"的梦想，终于成为现实。

虽然我没有和李韧就此交流过，但我知道她遇到了什么困难。当她的写作理念遭遇从小就不会记录自己的观察、倾听自己的好奇、做自主探索的学生，当这些写惯了宏大主题、用惯了名人名言、写顺了英雄人物的学生，被要求提出真问题、写作真自我、寻找真答案时，师生间产生矛盾，即在所难免。但李韧充分地认识到：写作对于师生的共情水平要求极高，如果没有驾驭这种平衡的能力，根本谈不上教学生什么，学生在写作里不肯跟你说他真实的想法，作为教师是没有任何乐趣和尊严的；通过习作，我们可以看见孩子的心灵版图，并在意义生成的过程中健全其人格，甚至治愈一部分孩子的心灵创伤。李韧强调写作是最有人情味儿的事，因为它与我们的心靠得这么近。而这样的写作，一定是真实的，而且必须是真实的。

要求学生写作回归真实，确非易事。但凡事只要有缝隙，就会有亮光透过来。一方面李韧有优质的教学理念与方法，可以有序地去实践；另一方面学生们也恰好对总是写"高大上"的题目颇为厌烦，愿意进行其他尝试，这就为双方合作创造了前提。而李韧自身锻造的功夫以及北大附中相对宽松的环境，也为课程的开设打下了坚实的基础。

二

在李韧看来，创意写作的学科理念，就是还原写作者为写作本身的主体，即还原写作为它本来的样子。写作作为一种表达和沟通工具，是为人服务的。教学设计就是尊重写作的本质，为写作者的成长服务的。写作一定是基于日常的观察和探索的，如果大量日常观察源于人本能的信息摄入，那么人们总会有意无意地留意、过滤和保存各种信息，这就会激发观察者的好奇心和探索欲，使之主动带着问题寻找答案。

李韧认为，创意写作课的第一大优势，就是唤起学生对写作的兴趣和热情。首先，心态要适度放松。她力求让每个孩子都有话可说，比如"描述一件你生活中关于扣子的经历""讲一讲你家小区里的植物"等。其次，评价标准要多样化。李韧带着小伙伴们真诚地交流与分享，在求同存异中无形地消解分数评价的权威性。天长日久，李韧就成了一位"以启发兴趣见长"的写作教师。

我们常常听孩子们说"没有灵感"。李韧认为灵感是写作起步的第一要素，其作用会贯穿整个创作过程。她在初始阶段，就带着学生回到最寻常的日常生活中去，借着观察和体验唤醒他们沉睡的灵感。她的学生"闲步晚风前"说得特别好："灵感是无心中的有心。"无心是长期的积累，有心是瞬间的激发。

有了好的"灵感"，还需要活的"素材"。素材从哪里来？当写作者的心弦被生活/经验之手拨动，此时一手素材就显得最为可贵。因为它是鲜活的全新的经验，而且以经历者为主体。而在个人经验里，感官体验是最基本恰恰也容易被师生忽视的。而从日常微小感官体验出发，有可能牵扯出个人的生命哲思。李韧和孩子们的写作，正是从一碗米饭、一勺食盐、一块豆腐、一把瓜子等细微而具体的事物开始的。李韧还强调细微而具体的写作，如写冰箱、写梦境、写外貌、写对话甚至写缺点等，都是局部、片段与细节的描写。也只有这样的写作，才能培养学生细致的观察能力、敏锐的心理感受、清晰的叙事能力、丰富的想象力和真正的动手能力。

三

这本书将重点放在了叙事类写作上。因为叙事类写作是写作的基础，是从人类对世界的感性认知出发，由此深入到理性、抽象的思考，也是用叙事机制，帮助写作者用创作的方式寻找答案。叙事的首要要求是写得具体，内容充实，写作的起点低到小孩子都能做到的、从身体感受出发去了解世界，同时它也一定是"个性化"的。

本书作者特别强调叙事中对动词的使用。因为动词背后是行动，是故事主人公在面临危机时自发的抉择，是作者对矛盾冲突的理解程度，它让叙事有坚实的骨架，也最能凸显主题。我特别赞同李韧的看法，中学生作文中有过多的赞美和歌颂，出现过多的"大名词"和华丽辞藻，但学生对于动词掌握不够，甚至当出现同义词与近义词时，没有分辨的能力。不会制造行动，引发冲突；作文平淡无趣，无话可说；没有大胆的表达，没有实质的推进。

李韧认为表达是"写作的起点"，是让一个人"有话要说"。她曾说："我教写作，是希望很多人和我一样，一直怀有表达的渴望；是希望很多人不要和我一样，不要因为技巧或者来自外界的某种评判，就放下表达的权利。"有叙事功底，有行动能力，有表达欲望，能表达出来，表达的过程也就是创作的过程。

四

李韧以为，叙事中主线的推进，目的是服务于主题。敢于制造行动，让人物面临真正的挑战，作者才能从写作中收获对于主题的开拓性思考，此即"创造性的写作"。为什么孩子们在写作里缺乏批判性的思考？因为他们从一开始，就没有属于自己的真实问题。

正如李韧所讲，今日高考作文，大多没有真实的自我，没有真实的问题；同时又存在我称之为"一花独放，百花齐萎"的现象，即大多数考生会写成议论文，但既不能突出主题，更不能切合题意。近些年来，有条件的中学还开设了"批判性思维"课程，但结果又特别强调所谓"批判性"与"独见性"。我常常讲写作文的过程就是发现问题、分析问题并解决问题的过程，这就是所谓"批判性思维"，岂有他哉！

李韧说："学习一门技能的过程，也就是理解'它是什么'的过程"，要学会"独立思考、探索生活，通过写作去创造属于自己的世界"。如果用一句话来概括，就是"写作是意义生成"。唯其如此，写作才是成长的旅伴，才能养成健全的人格。在具体教学中，李韧的写作工坊，注重营造安全感，支持小伙伴们的真实表达和互动；以头脑风暴的方法为创作搭桥，辅助作者从发散思维到感性和理性配合。在一系列课内外活动中，学生既是被动者，更是主动者。他们带着对写作的热爱，形成良好的创作风气，在实践中深化对于文学与创作的认识。

五

当我们讲某本书写得好的时候，总会立即被追问：能运用到中高考作文吗？能得高分吗？那么，如果一位考生读了李韧的《北大附中创意写作课》，能不能提升应试作文水平呢？我们在前面曾提到，李韧认为创意写作教学的优势，就是唤起学生对写作的兴趣和热情，从长远看将对中高考作文有根基性的贡献。这种教学虽然并不直接对应"考场作文"，但"创意写作就像是在海洋里学游泳，把这个过程做扎实，再去应付游泳池里的考试，还会觉得难吗?"李韧希望孩子们不要惧怕考场作文,而是用学到的叙事技能和打开灵感的方法,正面应对这场"闯关游戏"。与此同时,创意写作可以把真实之风带入中高考作文,源自生活的素材、活生生的感情、带有个体烙印的思考等,既是中高考命题者和阅卷者希望看到的,也是时代培养人才需要的和青少年一代自我发展需要的。因此,李韧的这本书,对中高考的应试作文而言,会起到正向而积极的提升作用。

如果要说《北大附中创意写作课》还有哪些意犹未尽之处,我感觉有两点可以在将来的修订中有所体现:一是李韧和她的学生关于阅读教与学的互动,以及取得的效果;二是能有一些失败的例子。因为那些写得不好或者失败的案例,对写作能力一般的孩子,更具有指导意义和鉴戒作用。

时甲辰(2024)仲冬吉日
陇右漆永祥匆草于北京大学人文学苑研究室

写在前面

2015年9月,我带着少年时的梦想(如果能和其他人一起写,该多好)回到母校,开设了创意写作课。

随后,在课堂上,我做梦都想不到的神奇情境就在我眼前发生了:我遇到成百上千的青少年,他们并不都对写作课感兴趣,也并不都信任我。然而谈起心中设想的故事世界、谈起不确定却已经在那里的想法,孩子们羞赧、略带迟疑,但没有一个人不是眼里闪着亮光。

不管我的学生未来想做什么,思维方式是感性还是理性居多,在写作里,我都能找到他们和我的共鸣。就像在一些事上你感受到的全人类的那种共鸣一样。

我领悟到,从根上说,没有人不需要写作。

在我这门并不完备的课程里,我一遍又一遍意识到写作这件事的本质——我们写作,因为我们生而为人。

自然而然的写作,一定因为我们如此渴望表达。

而表达背后,有时单纯为了记录,但更多时候为了沟通——

和自己沟通，和身边人、广大的世界沟通。

当我们为自己而写，它反过来会成为一次对生命的探索。

这样的探索被问号牵引着，有方向、有目标。它令我们获得心智成长。

于是，不管课程里进行到哪方面的训练，我们从始至终都被一股力牵引推动着。就像本书"故事脊椎"那里谈到的一样。这股力，就是一个人借写作而探索世界的生命力。

于是，写作被还原为一门可以习得的手艺。像水彩画、做饭和攀岩一样。你实践得越多，就做得越好。所谓技巧，就是在多多实践中的自我领悟和身边人的点拨。

我作为教师，何其辛苦也何其幸福。

长期沉浸在大量学生习作中，我如秉烛夜游，窥见形形色色的心灵版图。有的深邃开阔，阳光与阴影俱在；有的幽微，闪烁粉光；有的古灵精怪，真诚又躲闪……而且它们全部是热乎的。随着创作的进展，很多时候你甚至旁观到这些心灵版图蜕变着，疆域的边界拓展，景色常变常新。

同时，写作不仅是展示和锻造思维的工具，它也是桥梁——让班级里甚至前后若干级写作课学生彼此照见，从内心彼此联结。青少年常常渴望和自己、和他人有深度的沟通。在这里，他们以正确的打开方式得到了。

确实，写作带给人尊严。

我的"00后"学生们，和"70后"的我既一样又不同。虽然我们借着写作彼此相依，但我往往在作品里能更不带偏见地感知他们的脆弱、细小的思考，体会他们身处时代潮流巨变中的安全感不足和敏锐、不自觉的使命感，以及渴望冲向浪头制高点的多元灵活和胸襟。我尽量不强塞给他们什么。相反，我深切地感到，他们需要写作。写作可以是他们劈开内心冰封的斧头，是他们自主开垦心灵土壤的锄头，是他们一头闯进成人世界的桥梁。如果说他们这一代正在经历前人未有的孤独与机遇，那写作可以始终做他们的伙伴，忠诚陪伴左右。

按说他们在不同次元之间穿梭自如，浸淫于高科技电子设备，可"手写我心"这样陪伴了人类几千年的技艺不会变，最让他们踏实，还他们以自由。

这本书大半为渴望写好作文的青少年，少半为渴望教好写作的教师。我的创意写作学科训练不是来自我的求学经历，而是来自发轫于美国高校的创意写作专业理论和教学法，以及我对生活的领悟和教学实践。我想分享给同行们：写作和生物地理等其他学科一样，是科学的。它可教可学。写作教学法背后的理念，是对人性的领悟与尊重。写作是最有人味的事情。

当我们把人（教师的感受、学生的感受）放到写作前面，就有了教好写作的可能性。

把人（为自己而写）放在写作前面，任何人也一定可以在实践中越写越好。

本书的每个部分分引导—讲述、写作任务以及学生习作范例三个板块。各章后有给教师的建议。在课程里，我和学生以作者名彼此相见。因此这些范例的落款也均为作者名。我是山精。翻开这本书的读者，你是谁？

北大附中　李韧

2024 年 1 月 18 日

目 录

第一章 | 你真的不爱写作吗？——先写起来

第一节　找回写作原动力 …………………………………… 9
　　　任务1：自由写作 …………………………………… 9
第二节　重新培养写作习惯 ………………………………… 14
　　　任务2：建设你的打卡区 ………………………………… 15
给教师的建议 ………………………………………………… 18

第二章 | 拥有你每一刻的存在——如何找灵感

第一节　沉入感官的世界 …………………………………… 25
　　　任务3：食物体验写作 …………………………………… 26
　　　任务4：户外蒙眼体验写作 ……………………………… 33
　　　任务5：观察×××的13种方式 ……………………… 39
　　　任务6："照相机"游戏 ………………………………… 45
　　　任务7：听音乐回应写作 ………………………………… 46
　　　任务8："我微小的日常经验" ………………………… 47

第二节　从潜意识出发的写作 ·················· 49
　　　　任务9：梦的写作 ························ 49
第三节　让字词撞击的写作 ························ 56
　　　　任务10：造字 ···························· 56
　　　　任务11：诗歌拼贴 ······················ 60
　　　　任务12："我来定义日常事物" ·········· 63
　　　　任务13：词语大撞击 ···················· 63
给教师的建议 ·· 78

第三章 | 你有讲故事的本能——如何理解叙事机制

第一节　人物 ·· 85
　　　　任务14：陌生人的故事 ················· 86
　　　　任务15：同人文创作 ···················· 101
　　　　任务16：名人的秘密 ···················· 111
第二节　场景 ·· 126
　　　　任务17：为架设的场景展开故事 ······ 128
第三节　矛盾冲突 ··································· 138
　　　　任务18：三个词创造故事 ·············· 139
第四节　节奏 ·· 149
　　　　任务19：经典童话阅读理解 ··········· 150
第五节　对话 ·· 159
　　　　任务20：创设情景的对话 ·············· 161

第六节　意象 ································· 165
　　　任务 21：围绕一个意象的四个故事片段 ········· 166
给教师的建议 ····································· 173

第四章 | 你那些不能停止的思考——如何确立主题

第一节　持续发问 ································· 179
　　　任务 22：童年的厨房 ························ 186
　　　任务 23：与身体的对谈（一）——走进你身体的
　　　　　　　隐秘世界 ·························· 190
　　　任务 24：与身体的对谈（二）——动词！动词！ ··· 195
　　　任务 25：关于我的死亡 ······················ 199
　　　任务 26：我是_____，不过我_____。 ······ 204
第二节　视角 ····································· 205
　　　任务 27：双重视角下的童年故事 ·············· 206
　　　任务 28：观看一张照片的三种角度 ············ 211
　　　任务 29：多重视角的剧本杀 ·················· 213
第三节　回忆录 ··································· 214
　　　任务 30：回忆录写作 ······················· 214
给教师的建议 ····································· 221

第五章 | 你的实战锦囊——如何写出完整作品

第一节　从哪里开头？ ······························ 226
第二节　中途的困难 ································ 235

第三节　分享 互评 小组合作 ·················· 239
给教师的建议 ································· 256

附一：我是什么样的写作者？

附二：创作中常见问题解答

其他创意写作指导资料

第一章

你真的不爱写作吗?
——先写起来

写作是什么？

● 让我们反身，重新凝视习以为常的一切

闭上眼睛，头慢慢地浸入冒着热气的浴池，像是对水上的世界毫无留恋却又带着庄重威严的仪式感完成最后使命一般，冷静从容地。听觉被水侵袭，狼狈地关闭了。只能感觉到粗重的呼吸以及连剩余的感官也不放过的即将侵入鼻腔的水流，一切似乎都被抛弃了，独自停留在空无一人的无垠原野上。无尽的青蓝色和最深处的黑色交错出现，有生机与无生机的交替性，使人漂浮在意识之上，感知却又隔离着周遭的细小动静。成群的狐狸慢慢地游荡在原野上，水冲刷了一切。

——2016届 楚岩《泡澡》

● 让我们记录，不要忘记

……油溅到锅底的声音很明显，厨房里的人却默默无声。

之后一切都像静止了一般，虽然声音还在继续，但是眼前的画面却不再动了。直到姥姥冲着我所在的房间喊："吃饭啦！"世界又变得生动鲜活起来。

晚上妈妈回来，姥姥就走了。她每天都会留下一桌丰盛的晚餐，但我却不记得她有没有和我们一起吃。姥爷和奶奶也是会来的，只是我已经记不清具体场景了。

晚上不过是米色的窗帘将房间内的一切遮得严严实实，灯光亮起，因为没有灯罩，所以近看很刺眼。但我的身高离着还很

远，所以并没有什么感觉。

我现在确乎是没有时间的概念的，陷入幼时的回忆后总是穿越到零零碎碎的旧房间和记忆中。刚刚还在自己的小房间，现在却又跑到了客厅去，时间也变了。客厅很亮，墙上除了我的信手涂鸦之外一片洁白。电视开着，正在播放新闻节目。木制的沙发上卧着一个大人，不知是姥爷还是我爸。客厅是不是连着一个小阳台，我记不清楚了，但现在是能找到一扇门并且推开的。

从阳台望去，什么都看不见，虽然偶尔眼前会闪过小花园的样子，里面有盛开的月季花。所以现在是夏天啰……我随即又看见姥姥端着绿豆汤走来了。

这些完全是回忆和想象的东西像退潮一般离开我之后，我才恍然意识到，自己的童年回忆很多已经褪色了……再也回不来了。

——2019 届 一棵桂树《童年回忆》

● 它是以想象构筑的小宇宙

"你们会死吗？"姜姝问。

"不会。我们会消失。"余天摇摇头。

"……那你们，还存在吗？"

余天笑了。"小傻瓜，你问了一个人类哲学三大命题之一。"

"那……"

"在你们的世界当中，我会衰变。或许，我最终会分裂成基本粒子，扩散到宇宙当中，被吸收，再成为其他类光体的一部分。或许，我最终会以另一种能量的形式回到你的身边，毕竟，这是一个能量守恒的世界。"余天偏着头想了想,"我觉得,我将一直和你的寿命同步。你在的时候,我就一直存在。"

"……在科普时间说这种话真的是硬撩,余天。"

"嘿嘿嘿……不好意思。"

——2019 届 谢桐《裂缝》

- **是持续地求索,探寻生命的奥秘**

风轻轻拂过我们,今天晚上的风居然不像前几天那样猛烈,而只是轻轻地抚摸我的脸而已。其实,我对郑潮的问题也不知道该怎么回答,一直以来,我只是感觉我像猪圈里的绵羊,但我从没想过为什么我会是那只绵羊。

…………

我的脑中闪过了各种各样、我一生都不想回忆起来的片段——深深地刻在了我的记忆深处,欢乐的记忆越来越少,而耻辱和不幸却深深地烙印在了命运上。我明白了,我为什么"没有被改变",而且我也猜到了为什么周扬海也是这样。

"幸福的家庭总是相似的,而不幸的家庭有各自的不幸。"

我们并不是"没有改变",而是因为悲惨的现实即将让我们窒息而死,我们所渴望的是"全面变化,打破一切",但现在,我们却为了"原来的"而探索至今,直到现在才发现埋藏在内心深处真正的意愿。

——2021 届 赤圆《食堂泼辣酱》

人为什么要写作?

一生中总会有些时候,你想要提起笔,写点什么。

或许是9岁，你等了又等，终于确认曾经日日为伴的流浪白猫再没有回到老位置时。

或许是蚊虫扑打老式纱窗的夏日午夜，15岁的你合上《三体》，抬头与一颗颗远在天边又近在眼前的幽微光芒对视时。

或许是32岁，整整一日跋涉在遥远异国的乡间，暮色苍茫时推开路遇的第一家小饭馆，看到如母亲一样苍老的面容带着微笑时。

或许是离现在更远一点的年纪……55岁……中年多病患，从大汗淋漓的梦中惊醒时。

…………

那时，你会拿起笔吗？

如果身体和心灵所经历的一切（幻想也是）真的被记录下来了，你就会发现——这一切，并不是虚幻的。逝去的光阴，很多碎片就藏在你心里。因为在意，它们从没真的离开你。很长时间困惑不解的事情，不妨诉诸笔端，有时写着写着（如同"说着说着"，但每个人都有些事情不便言说），心结就开了，光芒从罅隙中射进来。

写作不是魔法，但它有魔力。

在写作中，我们扎扎实实地确认了自己的存在，并且一直在找寻意义。

为自己而写，你的写作才是真正有价值的。

而且，不必疑惑的一件事是——

你能写！

每一个普通人都能写。

写作就像其他那些真正有趣的事一样，它朴实无华、充满了变化。

但是，不要认为它高不可攀。

写作带给人的一个很大的乐趣就是自由创作的感觉。它是创造性的。

但是，和人们通常的见解不同，很多领域的专家都认同创造力是可以培养的。有一本帮助人们在游戏中理解数学思维的书，就把这句话放在了最前面："创造性思维——也就是创造力——并不是什么神秘的天赋，而是一种能够不断被训练与培养的能力。"[1]（爱德华·德·博诺，一位心理学家）

在本书的第一章里，你就可以在写作实践中体会内在创造力被唤醒和释放的过程。那是神奇的，却完全不是不可思议的。

也不要认为它可以一蹴而就。

我教了成百上千个学生，越来越不相信才能之说。首先，每个人都有某些方面的才能，而能够被充分挖掘出来的实在太少了。其次，任何才能不经磨砺，是无法闪烁光芒的。前面说了，写作首先是门手艺。有一本讲木工活的书说得好——"从长远来看，大部分知识来自你双手的实践。在技艺方面，实践和观察永远是两个最值得信赖的指导老师。"[2]在你学习的过程中，遇到困难也别马上就扔掉笔，绘画界那句话也适用于我们——"画得越多，画得越好。"

---

[1] 莫斯科维奇. 迷人的数学：315个烧脑游戏玩通数学史. 佘卓桓, 译. 长沙：湖南科学技术出版社, 2016：14.

[2] 科恩. 木工基础. 王来, 马菲, 译. 北京：北京科学技术出版社, 2013：188.

很多时候,你认为自己写得不够好,只是因为你写得还不够多。

最后,写作的世界开放而充满灵性。这种灵性不是来自老师或者教材,而是来自你自身和写作这件事的撞击。因此,我对你的期望,与其说是努力,不如说是任何具备充沛生命力的人所拥有的宝贵品质——诚实和勇气。

愿你享受这个过程!

让我们这就开始。

第一节　找回写作原动力

在上这门课之前,我其实是一个略有些抵触写作的人。因为在我接触过的教育里,从小到大永远是为了什么而写:为了达到老师的要求,为了使旅行不失去意义,为了完成而写下固定的结尾……最终使得每一次写作时我非常不情愿甚至是痛苦的。但从第一次课上,我跟着韧麻麻轻轻的声音,闭上眼睛,然后提笔写下内心涌出的一切时,一切都不一样了。以前的那种感觉荡然无存,我就像回到了幼儿园里,拿起蜡笔,在一张白纸上画出大人眼里什么都不是的圈圈线线。我不在乎我写下了什么。我只是我,而已。

——2019 届　朱艺蓉

任务1:自由写作

有同学离开课程后,还顽皮地模仿每次创意写作课我开口的第一句话:"10 分钟自由写作,开始。"

也有不少人在结课总结里写到,一学期印象最深的就是第一次课那长达 20 分钟的自由写作。我理解,那好像你一直在赶路,喘息和仓促间你甚至有时忘记了自己为什么赶路。忽然间你得到了一个原地休息的指令。你一屁股坐在石头上，不管它是否冰凉。抬起有些发麻的手指划过天空，你触到了一个长久不曾造访的念头："我是谁？"

请准备好你写作的工具——纸笔或者电脑。你最好不要用手机写作。因为它屏幕太小，显示字数有限，而且它容易让人分心。

接下来，请为自己定一个时。作为初次的相遇，10～15分钟是不错的选择。

然后就开始写吧！你写什么都可以。只是，闹钟响时才能停笔。

第一个字、第一句话，也许真的像人们常说的那样——"挤牙膏似的"。那么写下此时此刻身体的感受或者脑海中拂过的念头就好了。"有些饿了""他什么时候才能来？""阴天让我困得抬不起头"……

我们活着。每一个此时此刻，我们都有着涌动的感知和想法。也许是野马，也许是流沙。只是，很多时候理性牢牢掌控着我们的意志，我们甚至仿佛可以做到忽略它们的存在。在这样自由落体式的写作中，一开始被要求没有任何束缚地写，听着爽快又好像强人所难。不过，你可以。

不停笔地罗列家人和同学、小区植物动物的名字……早饭吃了什么，最近吃了什么难忘的好东西……难以言说的心情……一个字把笔尖引向下一个字，一句话带出下一句话。像脚印似的。在这样没有事先计划的写作里，它们会把你引向哪里？一座废弃的花园？惊涛拍岸断崖高悬的海边？我不知道。在开始做起来之前，肯定你也不知道。这就是自由写作的规则——不管内容和格式、不顾及所谓的"意义"和"正确性",你只需要在规定时间内不停地、安静或者摇头晃脑地写即可。又因为不被要求分享与比较,你可以不用考虑速度和隐私问题。就算在纸上像诗歌或购物清单那样竖着写、转着圈写,字忽大忽小,标点符号跳跃,也都没问题。这也就是自由写作的魅力所在。

在你正式动手写作之前,在你写到中途陷入困境时,当你心情很糟或者心情奇好却无人可以分享时,当你需要做一个重要的决定却觉得自己没有完全想好时,你都可以尝试自由写作。对作家或者学写作的人来说,它是很好用的热身练习,而它的用途可以延伸到所有需要放松、专注和头脑风暴的时刻。

自由写作作为创作的起点,看似简单,但它帮我们暂时踢开了写作或者做很多事时的一个重要敌人——"内心审查官"。内心审查官是我们的理性思辨中不好的那部分。对我来说,它是穿着紫黑袍子的獠牙魔王。它经常抱臂站在我身旁大肆评价:"看,你果真没有才能!""今天也是没有灵感的一天!你完蛋了。""你就不适合做这件事。"(幸运的是,随着我越来越坚定自己的主张、多多实践,我的"内心审查官"露面的次数也逐年减少)不光你我,世上很少有人能完全摆脱它吧。但是在自由写作中,我们得以忘掉自己是谁,回到童年那种恍惚望着窗外一发呆就是半天的境地。

作为写作老师,我坚定地相信每个人的内心都有块独一无二的原石。但是不冒一点风险下到心灵深处(那里也许脚下有积水、光线不佳,或者道路凹凸不平),我们或许很难邂逅那个比平日里更真实的自己,只能说些人云亦云的话。这样的我们也就谈不上开采原石,在随后的创作中把它打磨成艺术品。自由写作的珍贵之处，就是它能释放心神常常悬空的我们，让身心单凭一根绳子（甚至全无所依）向着自己的潜意识和无意识掉落，再掉落。

在这个过程中，就像在创意写作整个的旅程中一样，也需要勇气。当你写完把笔一甩再看向纸页，也许会忽然发觉自己写的东西什么也不是——用词毫不高级，满纸看似无用的大白话，甚至可能有语法错误和别字。希望你忍一下，不要把它团成一团扔掉。也许下一次双肩松沉、不再抖腿，你才会听到"早饭"和"困倦"背后自己心底的声音，才会找到把它唱成歌的乐趣。

如果说，写作是用文字讲出心里话，那我问你：你有多久没有直视镜子中的自己了？隔了一段时间再望过去，也许那个生疏的面孔让你诧异。但是静静打量，你反而有机会重新认识自己。

最后让我再强调一遍：自由写作是不需要与任何人分享的。以及当你足够空闲时，你可以忘掉闹钟，噼里啪啦一路写下去。

山精自由写作两则

2022 年 12 月 24 日　郁金香与小店

浮现在我眼前的，是带着白色竖道的幽蓝郁金香，与妈妈小区里那家小店。

我会在那里购买大葱、大果粒酸奶与德芙黑巧克力、垃圾袋。与此同时，幽蓝色的郁金香在我视野里上升，非常清晰。那是一种庄重、绝对的美。

小区里的空气是静止的。鸟雀的起飞与在树梢降落都显得突兀，有猫和电动车无声无息路过。小区里下午的光线是惨白的。微微透明，透着祥和。小区里的行人很少得见，但一看就是这个小区的人。你并不熟悉他们，更谈不上亲近，不过你就是能辨识出他们也是属于这个小区的人。他们带着这里的气味。

郁金香单层花瓣向心围拢成茶杯状。好像它们是最名贵的琉璃器物，身上流淌着白漆线条；以盈盈的蓝色躯体，捧起中间微小的金黄火焰。它们浮现在从妈妈所在的楼门口通向小店的路上。它们赞美我们那些无眠的夜，老人汗湿的、满是窟窿的白背心。它们拥抱在厨房点火、把蒜苗和荷兰豆翻炒熟的身影。它们默许温情陪伴着老年，一步步走向死亡。

2023年3月17日　珠光粉之歌

店里的人隐隐说着——珠光粉……

我脑海里还是那个我读不完整的词：上皮鳞状细胞癌……

我趴在粉色的按摩床上，老脖子里的筋嘎巴作响，我想着鳞状上皮细胞的形状，它们怎么在身体里……扩张。这时我听到按摩店那头的女人们说：珠光粉。

"你得整个头皮都抹，光这样弄不行。"听到的人诺诺称是。

女人们小声说笑着。

我没有进入过按摩店那边的屋子。听到这话时，我想象着那是一间放了一台洗衣机的小黑屋。狭小得让人转不开身。

瞬间，我想我爱珠光粉，我爱洗衣机，我爱这个世界。

女人走过来，在隔壁作势笑着哀叹道："我——的——杨姐姐哟——"

顶多不就是癌细胞在身体里游走征战，像大世界发生的形形色色事件那样吗？

我能接受。

第二节　重新培养写作习惯

小孩子也知道，写作这件事无法一蹴而就。可现实中，我的很多学生在发觉了写作的乐趣、不再害怕写东西之后，面对自己闪烁着灵光同时存在各种问题的作品，却往往十分受挫。其实，当年的我也这样。到底受了什么刻板印象的影响，我们总以为灵感一旦到来，"写好"指日可待？（另一件事就是，随着社会文明水平的提升，现在即使青少年也有着还不错的阅读修养。人们会不自觉地把自己写出来的每一个字跟出版物相比较，结果自然是沮丧又困惑。）

人们经常忘了，"愿意写/有灵感"和"写好"之间，横亘着实践中对技巧的习得、对风格的领悟。这背后是一个基本的事实——你首先得常常写，把写作当个习惯去培养。

本书的大部分内容都致力于传递写作的方法。在此之前，一个重要性不亚于技巧学习，但是更多需要你自己摸索着行动起来的任务就是，你要重新培养写作习惯。

童年写日记的习惯对很多人来说已随着学业繁重而搁浅，也给另一些人（比如我）留下了印证自己懒散、没毅力的负面例子。如果说你懒，难道你真的不想找个树洞吐露爱慕的心情、为手写的美食日记配上四处搜罗的贴纸吗？这背后有根深蒂固的思维误区,即人们总以为完整、独特又深邃的思想和情感才值得被记录和表达。可古今中外什么深邃思想和优美情感不是从切身体验、从零散迸溅的思考中得来的呢?大部分时间里,写作应该就是日常的、草稿式的。它们零碎、不连贯,并不优雅。但它们及时有效地保存了我们生活中那些真实的瞬间。这样的碎片式写作不仅为日后创作储备素材,更重要的是让人保持了常常观察、记录、思考的好习惯。没有"写",就没有"写得好"。而且你看到的那些印成铅字的作品,往往经过了不知多少次的头脑风暴、涂涂改改。虽然人人都可以写,碎片式写作自有其魅力,但写出像样的作品也并非一日之功。还是先写自己的吧!多多地写。

回到关于日记的话题。你不愿写日记,这不赖你。因为究其原因,不外乎写日记往往来源于长辈的硬性要求。你不是为自己而写。当它形式刻板、不尊重隐私时,最后只能流于走形式。还不如每日记账来得实在。

不如换一种方式。

不强求字数,不要求完整,更不要求思想性以及文笔优美。做自然的记录、自然的表达,怎么样?

任务2:建设你的打卡区

我们课程设有写作日志打卡区。在这样的线上平台里,每个人可以在自己的分区下不断添加新页面,以日期、当日发生的事或者心情为它命名。(小瓣橘子同学以食物为自己的页面命名。说起来,创意写作不就是用自己的方式为事物命名?!)在一个独立页面里,你可以写也可以画,可以随心意变换文字和页面颜色、搭配照片。不同分区的作者以笔名相认，这样没有过于暴露隐私的感觉。不仅如此，大家可以随意游荡，拜访自己上下分区的邻居，并且给其他人匿名留言。一句对于"期中英语卷子真是逆天了"的附和，对于"我真是什么都做不了"的安慰和鼓励，都能让作者记很久。

因为课程而汇聚的写作社区花花绿绿，平静下掩藏着活力，可遇不可求。不过，如果你能遇到一两个彼此信赖的同伴一起打卡，那就再好不过。一来大家可以交流最近的经历，交流看的电影、吃到的零食，分享心情，增进友情。二来（这才是最真实的理由）打卡时有同伴敦促，彼此关注和回应，是非常大的动力。如果，你只有你自己，那么这是一个机会：为自己建一座独属于你的花园。毕竟这件事的核心不是依赖于外界发生。相信我，写作日志打卡会上瘾。

我认为不管是谁，是工作还是在读，每周打卡 3~4 次都是可行的频率。每次不需要喋喋不休，有三五句话即可。忠实记录当日的心情——期盼或者深深的失望，描述秋天里的第一杯奶茶，捕捉夏日最后的余晖……吉光片羽。我听到过学生感叹"不打卡不知道自己原来有这么多可说可写"。我也在日复一日地积累了两三年打卡后，后知后觉发现自己通常关注着什么、有着什么样的说话风格（这一点也曾被我的学生鹤怨一针见血描绘出来过。她解释："读一个人写的东西就是很好的了解她的方式。"）。这么说吧。在日志打卡中，你能更真切地看到一个人在日常交流表象之下的样子，不管这个人是自己还是他人。顺理成章地，当你更加了解自己在现实和精神领域的关注点，并拥有了一定数量

第一章 你真的不爱写作吗？——先写起来 | 17

的日常琐事记录后，你就不会感到提笔写作是件突兀的事。

我们使用线上平台，主要是为了便于课程内外的写手交流。至于你，怎么方便怎么来。石墨文档里的页面可以有条理地分类，无限添加。手账本可以写画交织。也有不少同学，在进入我们课程之前，早就有在手机备忘录保存灵感的习惯。

请用文字（如果你愿意，也可以用拍照＋绘画，或者音符……）长足地记录，随意地游荡。从发疯呓语到诗或歌、读后感……你会获得一种无论发生什么事，自己总把生活掌握在手里的安定感。要知道写作的第一个功能是"要记录，不要忘记"。你不肯忘记，这些时光才真正属于你。

打卡区可以长这样：

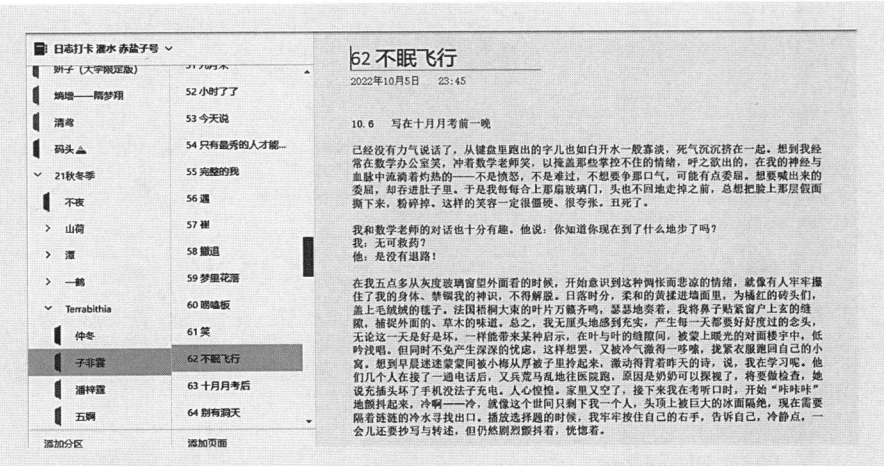

子非雲给她的日志编号，从 2021 年 9 月 5 日的 01 到目前的最后一则——2023 年 12 月 4 日的 108。这时她已经离开课程两年，是（依然困惑的）大一新生了。

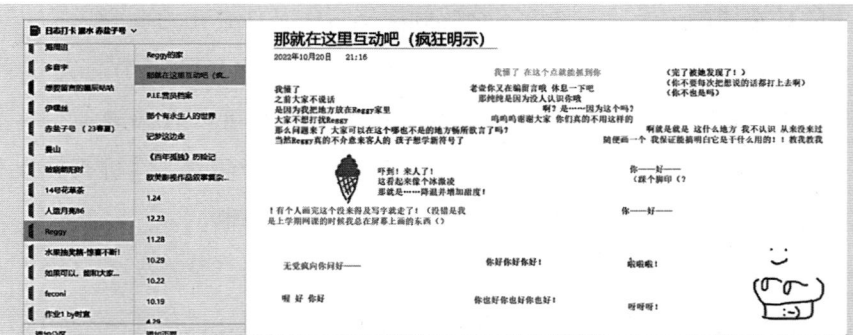

Reggy 在这里认识了他的两位邻居——14 号花草茶和人造月亮 86。"红绿灯组合"（因为他们三人的打卡区标签分别是这三种颜色）在线互动了一段时间后，某天约了在食堂见面。于是，Reggy 拥有了他高中阶段最重要的两位友人。

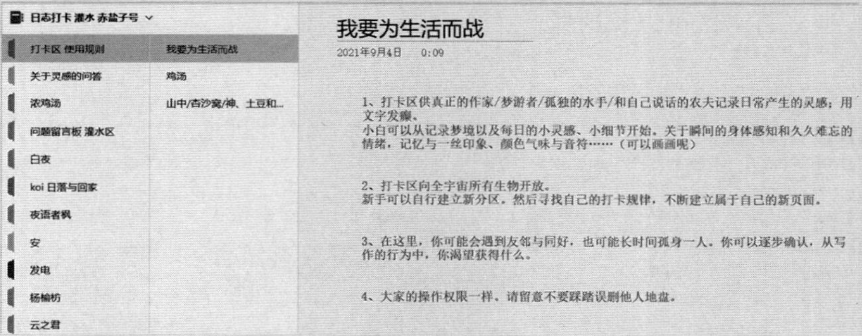

不知是谁把我建立的打卡区使用规则那页重命名为"我要为生活而战"。

我为什么这么爱这里？因为它不是一门普通意义上的课，它也不仅仅是现实生活，它是一颗颗灵魂的聚居地。

👉 给教师的建议

1. 教授写作这件事既迷人又富有挑战性。

我后知后觉地发现，很多时候陪伴我度过教学困境的是一种信念——相信写作的力量。并且，就个人经验而言，是写作教学让我这个游走在社会边缘的斜杠中年，和那么多没有血缘关系的人有了深切的连接。

2. 要想让学生被裹挟进那比海洋和天空还要宽广的世界，你自己先要躬身入局。

我知道你和我一样，经常忙得一本书读不到最后一页。但是，这些年我有一个发现：应该把写放在读前面。

再说一次：在遵循先读后写（或者不写）理念的语文教育大环境里，我们要强调把写作（原生态的观察和自我表达）放在阅读（与他人的经验见识对话）前面。

哪怕没空进行完整创作，也要记下第一手的吉光片羽。这是一个创作者最宝贵的源泉。

第二章
拥有你每一刻的存在
——如何找灵感

真正想要写好的人之中，没有谁能忽视"灵感"的存在。

有的学生会在课程开始时说自己"经常没有什么灵感"，我猜他们也在揣测自己是不是没有写作的才能（这点我当然不认同！否则我哪会张开双臂欢迎他们进入创意写作课）。也有文字散发着灵光、捕捉细微日常的写手，因为另一篇创作没有灵感、被苦苦卡住而陷入内心挣扎。

还有一些写手，以为一个脆榧似的灵感就能推动自己完成整篇创作（呃，这算是 too young too naive）。

这，实在太常见了！

我和我的很多学生认为，真正意义上的创作都离不开灵感。这个词不光听起来迷人，它也的确是创作的重要推手。然而不知受什么样的影视剧影响，大多数人以为有天赋者的大脑就像一座灵感喷涌的喷泉。人们以为他们每天清早一睁眼灵感就蹲候在丝绒大床旁。反过来，人们又以为如果久等灵感而不至，自己的某方面才能就被判了死刑。

夸张，这太夸张了。

在长时间的教与学中，我发现灵感的诞生有一套科学机制。是，它不期而至、不告而别的属性给它蒙上一层面纱。以尊重生命的名义，我们也不必把面纱撕扯到底。但是，如果你想创作，你必须懂灵感。而这是可以做到的。

灵感往往在我们适度放松的时候到来。它是我们的头脑在看似不相干的事物间搭建的桥梁。这桥梁有时纤细如蛛丝。因此一个小小灵感能否带来有深度的领悟,这个答案取决于你是否足够机敏去小心捕捉它,在不伤害它的情况下继续顺藤摸瓜……

最不能忘记的是:灵感如同我们在人生中的各式领悟一样,来自实践。因此所谓适度放松的意思就是——多观察、多体验,还原自己的生命使之像豹子那样敏锐、低调、从容。

(我的一些学生曾经在这一章的学习之后,以互动问答的形式总结了不少他们对灵感的理解。这是来自真实的习练和思考的想法,因此我把它们附在这章末尾。希望你翻到那里时,可以以你的观点与之相撞。)

第一节　沉入感官的世界

忘了大概从什么时候开始，但大概也是 40 岁之后了，我有了一个发现——无论我怎么孤独，当我的感官打开时，我总可以融入外面的世界。我只身一人，并不孤独。

从春日细幼的灌木丛边经过时，我总会走出几步后犹豫，折返。非得让手指在上面来回胡噜几下，感受"棕色枝条的扎"是哪一种扎，我才能心满意足地走开。夜晚开车时，霓虹灯和行道树交织而成的图景惊艳我的眼睛，这感叹让我身旁的人嗔怪一声"大惊小怪"。我喜欢在 7 月末的大雨滂沱中，隔窗注视灰色雨瀑——感觉我身在船上。

不是我大惊小怪，而是足底的吸盘、胃袋上的绒毛、我身体伸向周遭的触手，时不时轻轻唤醒我的存在意识。和司空见惯却被熟视无睹的事物在一起，我感到踏实与安心。

创意写作课的起点总是从感官游戏开始。拥有一颗写作老灵魂之前，你得先找回那双 5 岁孩童的眼睛。很多学生感叹坐在一屋子同学中间啃一根胡萝卜的经历。记得那一年，我的学生 ZQS 写下了"周围非常安静，一个人坐在这里，细细地咀嚼着这片蔓越莓干，似乎忘记了学期初的巨大压力。"更多学生为户外蒙眼体验疯狂，在结课留言里呼吁想要再来一次在校园里游荡！与此同时，学生们发现想要精准描述自己看到、听到、闻到的，并不容易。一些学生开始意识到，摒弃过去那种华而不实的语言风格，就用朴素的话尽量讲到位，效果反而更好。

是的，15 岁的忙碌少年，有时比 40 多岁的我还要难找到"5 岁的眼睛"。不过一旦你在写作游戏中再次感受到与童年时一样的专注，旧日在小区里玩耍的感受就会悉数回来。你，你是何其幸运！童年没有心灵的土壤板结荒芜一说，也没有任何严肃的游戏让你感到枯燥。

任务 3：食物体验写作[①]

让我们从爬虫一样的低端开始练习吧！

请准备一份食物。

希望它是一份对你来说有些独特的食物（特别爱或者不爱吃/只有你的家人会做/只能在某个地方得到……）。要么就反过来，你找最司空见惯的食物（一碗米饭/一勺盐/一块豆腐/一把瓜子……）。

相对来说，天然食物（从土里、水中、山上……得来的）带给我的感官体验更耐咂摸。芹菜、桃子、辣酱……让我觉得性格比奶油蛋糕和果冻更丰富。

好了，把笔纸/电脑放一旁，请按照步骤，边体验边记录吧。

【步骤 1】请用 5 分钟仔细地端详它。

看它的形状、颜色、光泽……疤痕、斑点、气泡、凸起或凹

[①] 这个任务的设计参考了《创意写作教学：实用方法 50 例》第 21 例 "美食评论：调动感官和个人记忆"。这本书由伊莱恩·沃尔克编写，由中国人民大学出版社于 2014 年出版。

槽。眼睛能看出它的分量或者味道吗？

把它放在阳光下，再放到阴影里。转动着打量它的每个部位。让它倾斜或者倒置。

它看起来像什么？

请尽量用简明准确的字句写下你所看到的。

【步骤2】请用3~5分钟，仔细闻它的气味。

它静止时的气味是怎样的？被揉捏、摇晃或剥开外皮，气味有什么变化？贴近鼻子嗅，再拿到远处。气味是如何喷涌，又如何消散？（剥开橘子皮时，气味随飞溅成雾状的汁液喷出，濡湿一小片空气。有些花的香气，要走开几步才闻着最香。）

闭上眼睛边闻边想：它闻起来，像什么？然后用文字把这些编织成字句记录下来。

与此同时，你嗅到装它的书包的那股帆布味了吗？还有此刻你所处环境里其他不由分说飘过来的气味。它们杂糅在一起，因此你就一并把它们记录下来吧。

【步骤3】请用你的皮肤去触摸它（3~5分钟）。

感知它的温度、重量、弹性（我觉得天然食物的弹性比人造食物的弹性更有意思）、光泽度……用手轻抚，或者大力揉搓。用嘴唇和脸颊跟它摩擦。甚至，你可以将手掌插到大米里、捏爆一只包子、把面包搓成长条……小时候家长说"不要玩食物""食物是吃的不是玩的"。你猜他们为什么这么说？因为小宝宝恰恰就会用力所能及的一切方式去认识食物，如同他们认知大世界一样。就好像撸猫或者逗弄独角仙，你也一起来玩食物吧！

触觉带来的体验，让人心里发痒。

最后，用简明准确的字句写下你的触觉体验。

【步骤 4】终于可以吃啦（15 分钟就够了）。

吃，并且留心捕捉咀嚼带来的听觉体验。（因为再不吃你简直就要等不及了！）

细嚼慢咽，或者狼吞虎咽。记住味蕾被酸甜激发的反应，还有食物滑下喉咙的那个瞬间……魔芋爽与挂面在跟你的牙床和颌骨作战时，采用怎样截然不同的策略？你还记得生吃黄瓜时自己耳畔的隆隆声吗？含化一粒西瓜霜又是怎样的体验？

面对生活中实际发生的事，我们的语言远远不够用。但也请尽量不要用"很神奇……但是我不知如何形容"来描述你的视觉、嗅觉、触觉、味觉体验。

如果可以的话，想一想，这些体验会让你联想到其他的什么事物、什么经历。

并且忠诚地把你的观察记录下来。

真实的有所获比硬挤出来要好。因此，不要急于写，而要允许自己先专心、充分地观察。

而当你有话想说时，你不是为了说得"看上去像那么回事"，而是要说清楚你到底感受和体会到了什么。与其用高大上的词语，不如用贴切的词语。如果使用比喻之类的修辞手法，也只是因为自然而然地联想，因为不这样无法传达你微妙细致的观察。

请不要在意字数,这就是一份观察笔记。

但是,要像仿佛世界上只有你和这份食物那样,走进食物的世界里。

|延伸练习| **食物拟人**

每份食物有它独特的物质属性,来自它的温度、气味、色泽、弹性……

当你捕捉到这种独特之处,你可以把它迁移为某种类型的人性。请把这份食物比拟成人,为他写一个小故事。

我的学生庞贝古城由健达巧克力联想到了一位不想上战场的军官沃尔夫冈,另一个学生阎溪由强力枇杷霜联想到了录像厅外抽烟的油漆工人宝生,还有一个学生牧田由清水煮蛋联想到了洞穴深潜者老禾。和后面不少练习对"虚构"的要求一样,这不是胡思乱想,而是由食物的特质转化和延伸。你要全方位考量。"他是什么样的人"指的不光是外表,也包含人物的性别、年龄、脾气、秉性、职业和阶层。联想需要有理有据。

创意写作课上小伙伴的习作

我说她像包干脆面而这不是玩笑

食物观察笔记

明黄色包装上一张小孩儿的脸。看起来像是惊讶,或是张嘴要吃掉什么,或者只是一个有点失败的鬼脸。

不忍撕开。

包装袋里是被挤压后的碎面饼。用于调味或上色的添加剂显然没撒匀,露出点点飞白的条状干脆面像是被搁在台灯下面,深色浅色都是黄色灯光创造的晕影。

不透光。拈出一点搁在阳光下,它就瞬间变得太过渺小。这一点点不够小孩餍足,她舔掉手上的调味料还会再向我索要更多。

捏碎它的时候像有小世界炸开。但摇一摇,它就又会产生沙锤的声音。如此温驯。

普通鸡肉味干脆面,但不是中国产的。闻起来更像是东南亚地区生产的小零食。有点潮湿的油炸食品固有的香气,混入鸡味粉。它让我想起窝在窗户坏掉了的爱丁堡一家汽车旅馆和姐姐分食的小份鸡肉泡面,11度的7月,冒着热气的汤碗是我们唯一的救赎。不同在于泡面的鸡肉味更温软绵长,而它的味道更浓烈。只要你吃得太快,吃完它以后就会觉得嘴里每一点水分都被吸干。好讨厌,怎么不去做吸油纸。

砂石地的触感,手指在此刻与我三年前没穿鞋踩在野海滩上的脚共感了。

触摸后手上变干,好像有棕榈油沾上来了。

干脆面不是恒温动物,它的温度取决于环境。干脆面会冬眠吗?所以我在冬天吃掉的干脆面,是不是就在睡梦中离开了这个世界啊?

入口不太一样,回味有点甜。甜味是来自白砂糖还是面饼,说不清的。手从里面把碎面掏出来时,发出的声音和在塑料积木盒里搅动时十分类似,但手没那么疼。

炸开的声音比乐事薯片闷一点,原因大概是薯片被炸成近乎中空了?

别吃太快呀，面茬会把嘴巴划得有点疼。但含在嘴里等它变软就会让干脆面失去灵魂，而且会塞牙！！所以掌控好这个度吧。原来吃干脆面也是一种哲学啊。

吃完一些之后有一种我今晚就上火的错觉，于是猛灌三大口水，再接着吃。

正文

甘音觉得自己很酷。

这句话不够酷，于是甘音催我把它改掉。好吧。

甘音觉得自己真酷啊。

她让我再加一个 f 打头的词，我觉得有碍观瞻删掉了。她撇撇嘴，"真逊啊你，怎么越大胆子越小。"

"是啊，不像你。您老年龄越大胆子越大，就像一条脱了缰的正比例函数噌噌往上跑。"我没看她，就这么敲着字。

她就没再理我了，自顾自地摆弄着屋子里不知道是谁遗弃的一把木吉他。弦断了一根，被来拾垃圾的阿姨系了个滑稽的结。但我们也不敢再动这根弦——它绷得太紧，一弹就又断了。烦躁之下她用这把报废的吉他制造出一大堆没办法形容的噪音。播放器里不断上调的音量掩盖不了这些声响。我索性一把拔掉耳机线，于是 charmless man 吵闹的前奏愉快地占领绝对制空权，可怜的烂吉他只能做配。

"酷——！"她惊喜异常，说着就从另一个旧物堆里翻出被人淘汰掉的蓝牙音箱要帮我连上。

我忍受不了她这副样子，而且这个破地方也不是我要来的。于是我合上电脑，闹出很大的"啪嚓"声响，快步走到门口。

"认真回答我,你今天不回去,是吗?"

是疑问句,但我读出了陈述句般的肯定语气。我也能确定她不会跟我回去。相较于回去,她更乐意和流浪汉争那些散落在立交桥下的硬纸壳子。

"你知道我的。"甘音没抬头。好了,有这句就够了,于是我抱起电脑毫不犹豫地跨出屋门。我再也受不了这个破屋子里的猫尿味儿了。

她叫甘音,是陪着我从话都不会说的小屁孩儿一路成长到逐渐学会摆臭脸的别扭青年人的姑娘,我的妹妹——或者,你也可以叫她我的发小。我们没有血缘关系,只是两家住得近而已。

她看起来很叛逆,足以让每个有了孩子的中年男女血压升高、心律不齐,让每个心理治疗师的完美假面破碎成捡不起来的渣。她休了学,在回家休养那天踹翻了她班主任示威一样为她摆起的桌子,有她五彩缤纷的笔迹的不及格的大卷子小卷子散落一地。班主任拎着塑料三角板就冲她跑去,小高跟在地上踩出奇怪的节奏。她说:"甘音你神经了吧,反了天了啊?!"

甘音没看她,她单肩背起双肩包,走到门口:"你管不着我了。"

然后她踩着凳子翻过不知作何用处的铁栏杆,发出愉悦的、近似动物的啸叫。同班同学愣愣地夹道欢送,有几个胆子大的男孩子吹口哨或者鼓掌。

从我在二层靠窗位置的视角来看,这像一场盛大的逃亡。至少她奔向了自己想要的自由。于是我在心里为她默默祝福,同时也确实为她出格的行为感到莫名其妙。

因为在我刚认识她时，她不是这样的。

…………

——2023 届 春生

[扫码阅读全文]

任务 4：户外蒙眼体验写作

或许你多少猜想过闭眼走路的滋味。真的行动起来，很多同学说，还是相当不一样的！

最好两人一组，拿上蒙眼的物品（外套、眼罩、围巾都可以），这就出发。就近选择户外空间（桥头、广场、楼边空地……）或者室内空间（医院、地铁站、商场、咖啡店……）都行。一个人蒙上眼睛，另一人从旁引导搀扶，开启探险之旅（后半程两个人可以交换角色）。

你知道感官代偿吗？被蒙上眼睛的人，暂时失去了现代人最强势的感官体验——视觉（同时也失去了言语的"高效"交流方式），在行进中"被迫"开启听觉、触觉、嗅觉。即使在熟悉的小区，你也好像掉入了未知地带。而这些平时被视觉压制的感官一旦被唤醒，会格外敏感。无论指尖轻微触碰花瓣，还是擦肩而过的三两句交谈，都会被放大，强烈撞击着观察者。你，可以刷新旧有认知，用这些信息帮自己重新绘制一幅周边日常的地图。

边缘发毛的陈旧的社区宣传横幅、医院走廊飘过的中药味或者过氧化氢味、让周身一凛的地下室、操着异地口音的母子……它们重新勾勒了这个世界。让你回到 3 岁，不停发问"这是什么？""这是哪儿？""为什么？"。

我想起有一次，我的学生幽灵鸟让蒙眼的我停下来，尽情地摸索。我摸来摸去，只能说这是一堵墙（它在我"脑海里"是灰色的）。幽灵鸟等了半天……让她失望了。后来我知道，这堵墙的确是灰色的，不过在我摸的位置上，画着一只巨大的粉色火烈鸟。

还有一次，我在学校外商场门口的空场上一闭上眼，就觉得自己是在一个港口边。如是几次。随后我找到了答案——是风！空场的气流明显比周围其他地方要强。它让我不自觉地认为空气是咸的，满耳的公交车喇叭是汽笛。

还有玩定向越野的男生，蒙眼后失去了空间方位感。很多人感知的时间流逝也有错位。

引导的小伙伴可以有意找寻富有挑战性的路线。这不是指让蒙眼的伙伴冒险，而是让他走柏油马路也走起伏的土道，除了抬手摸花也可以在草丛打滚……你不要告诉他"这是槐树"。正相反，请保持缄默。你是那个陪他跳入新世界的人，做个忠诚的护卫就好。

回到书桌前，请你推开其他事，马上记录下所有蒙眼时的感官体验。要知道，在特定情形下浮现的感知就像《尼尔斯骑鹅旅行记》里一百年浮出一次的城市威尼塔，稍纵即逝。你不要把时间花在"构思"怎么开头上，词句可以零散跳跃，这依然是份观察笔记。当你发现某种感觉已经模糊了时，可以闭上眼睛，"转场"回到当时。

挑战：你能不能记下来蒙眼行进时擦肩而过的路人的只言片语？它们很难完整，不过这倒更有趣。当时它们曾激发了你怎样的联想和好奇？

商场的大名用金属材料铸成立体字。虽然就是学校旁边几乎天天路过的地点，蒙眼的小伙伴却陷于局部细节，完全猜不出这是什么东西

创意写作课上小伙伴的习作

其一

弯弯绕绕

我不认识的鸟儿们在叫。在之前很多个周五的夜晚，食堂

五层的管乐排练厅里，常常飘着这样弯弯绕绕的旋律。有时突然出现刺耳的一声，那就是手指错位了，音符不受控制地喷出一个高音。黑暗是有层次的：石头的外面是铁门，铁门的外面是小铁门，小铁门外面是车流。没法抓住鸟儿们的话语了，因为寒冷的河水在跑，蹭着地面吐出热气卷着凉气，把一切都裹走。钢铁丛林里的树木是一种囚鸟吗？感觉到沉闷的忧伤，风的呼声很难懂，像缥缈的歌，余音拖着长长的尾巴躲躲藏藏，有时好似从未出现。踩踩踩踩踩草坪的声音，也许是叶子在和朋友蹭来蹭去。不知道哪里报警了，很长的几声嘀——嘀——嘀——想起了每天早上、晚上提醒我做事情的闹钟，烦闷让我更不知道该听清什么。彼时心情是一锅煮了太久又放凉的粥，混沌地搅拌，搅拌，红枣的甜里带上苦涩，软软地晕在一片白茫茫里。旗杆被敲动，树枝与树枝也在剐蹭着叙旧吗？

——2024届 kiwi32

其二

我大概只是化为雏鸟

00.

起初，那是一段迷茫机械的运动。

陷入黑暗的一瞬间，首先突显出来的只有"自己"。可怜我堵塞的鼻子、像揉碎沙子一样痛苦的呼吸，以及被裤腿摩挲着瘙痒的脚踝，一切的一切都成为一团乱麻猛地刺过来。

作为人，一切对事物简单的分析结果都变得模糊了，比如时间的流逝难以体会；再比如，我每一步走出的距离都无法丈量：就像要飞越过两栋高楼的间距那样不安,甚至觉得除了脚底方寸,其余皆是虚空,直到稍稍试探才发现,自己不过是脚尖贴脚跟地挪动。

我或许在感受着转世:于混沌中重复行走,直到曾经复杂短暂的认知渐渐抓不住……

01.

转瞬,那是一段鲜活无序的穿梭。

就像婴儿终于爆发出第一声哭响,转变就在瞬间,我又与世界重新连接了。

脚下的事物关乎自己的安危,本能地令我关注。因此能够清晰地感觉到:自己某一刻好像踩在了动物的背脊上——那或许是一只衰老而庞大的古兽。它的毛发干枯稀疏,轻轻碾压便能找到枯草间的缝隙,触及泥皮包裹的坚硬脊椎骨。我摸索着,仅仅被它吐息的风缠绕,却感知不到它遥远的心跳。

踏过嶙峋的脊背,我又回归了坚硬到不真切的平原,提防着虚无的危险,只因这片平原好像永远在变幻。我掠过龟壳一样不规则的地面,身边无数行走的摩擦声、听不明白的交谈声又掠过我,幽灵般的,甚至不传来一丝风动。

不知多久后,耳畔是越来越近的嗡鸣,我大概来到了辽阔的工厂。于是轻轻将手探向前方,在触感由虚到实的一瞬,是一片小小的绵软,再轻微用力则是不容忤逆的冰冷和坚硬,一直构成我摸不到尽头的栏杆。这才发觉,最初的那份柔软不过是我指尖的凹陷——

多么新奇,"自我"与"世界"交汇时的回弹。

某些不安与焦虑如抽丝一般地消失了。

02.

最终,那是一段温暖短暂的自由。

我看不到光芒,却能体会太阳。那些灼热融入了我的肌肤,又立即被血液消化吞噬,如此往复。我试图向谁分析:太阳光原来这样热,你瞧我的发丝都变得滚烫……那么先前的温凉便是树的荫庇了。

莫名安心的情绪使我有些飘飘然。如同雏鸟学会振翅那样,我学会了张开双手。

不自觉地挥动它们时,周围的空气好像都凝固了,我猜或许会留下双臂的形状;那又像是一道自我掌心生出的风,连接至身体的每一处,都和周遭融为一体了。

像是醉氧一般,我忽地甩开身边搀扶着我的人,没有任何目的地在原地转圈,小心又兴奋地小跑了两步,或许"转世"后的我,当真成了雏鸟。

那一刻的世界又像十几分钟前一样清晰,口罩早就不知道在什么时候摘下了,那浓烈的树木香气穿透了感冒鼻塞……就连遥远的交谈声我也听得真切——他们在谈论我的家乡。

03.

于新生雏鸟而言,世间的一切都是未知的,一切都是新奇的冒险;于那15分钟内的秋漾舟而言,想必也没什么不同。

——2025届 秋漾舟

任务 5：观察×××的 13 种方式

深度的观察，是在观察时由对物质的感官体验升华为一种精神领悟。它是物我交融，或者说物我两忘。

僧侣就是用这种方式进行思考的代表人物。他们日复一日重复寻常琐碎的事，或者盘坐静修，就此获得某种对世界真相的洞察。

这个任务就是仿效僧侣修行，用静止的、对某一物的专注凝视，带观察者进入对大千世界的思考。我们的观察对象，是一个连接小我和外部世界、具象和抽象的桥梁。

请在周围找到一个观察对象，和它在一起（例如花 45 分钟的时间），边观察边回答以下 13 个问题。

这个观察对象可以是生物（人、蜗牛、紫藤、小乌龟）或非生物，有形的或无形的（食堂里的空气、操场上的风），宏大的（某幢建筑、天空）或细微的（楼道台阶上嵌的金属线），静止的或动态的（拧开卫生间水龙头后流淌的水）。你周边的一切物质存在都可以作为观察对象。请找真的让你有好奇心想要去了解的事物。

观察×××的 13 种方式

1. 请描述观察对象的物理特征。

形状、颜色、体积、重量、气味、味道、触感（可以环抱/揉搓/弹击……它吗？）、声音……它的种种物理特征有自相矛盾之处吗？（例如，一棵枝繁叶茂的大树，但是在此刻的阳光下却只有一条细小的树影）

2. 它的这些特征（从不同方面"看"/各自）会让你产

生什么联想？它像……

3. 它内在蕴含着什么样的能量？如果它可以动，它动的方式、轨迹、速度是什么样的？如果它不可以动，它内在有什么能量在传递？

4. 看起来，它是怎么生成（长成）此刻这个样子的？你能想象它的历史和未来（比如寿命）吗？

5. 它有什么功用？你觉得，它还应该/可以有其他什么功用？

6. 从它的角度出发，它感知到的周边世界是怎么样的？（比如，从它的身高/位置/需求出发）

7. 它和周围环境的关系是怎样的？它在与不在，周围环境都一样吗？

请找出周围三个和它发生联系的事物，想象它和它们的关系。（例如，蚂蚁与地面上一块嚼过的蓝色泡泡糖、窗户玻璃与划过的飞鸟、跑道与天空、钢琴和琴房的墙壁、物理实验室的仪器和使用它的老师……）

8. 如果它能离开这儿，你希望在哪儿看到它？你希望和它一起做什么？（例如，把垃圾桶洗净，让它躺倒在地上，我和它玩滚筒的游戏，或者把它套在头上跑来跑去）

9. 它身上的哪个（些）特质触动了你？（例如，怀抱这棵树的棕色树干让我感到安全和温暖）哪个（些）特质让你宁愿忽略？（例如，垃圾桶的臭味）

10. 对它的整体展开联想，你觉得它能让你想象到世界上其他的什么（事物、生活方式、氛围、情感状态……）呢？

（例如，地铁通道里的金属扶栏，让我想到冬夜里冰面一样的停机坪）

11. 如果它就是世界，这个世界会有什么样的运行规则？会生成什么？（例如，如果操场上高擎的灯架就是世界，我认为放灯的架子里会是川流不息的小矮人……）

12. 和它在一起的你，与没和它在一起时比，有什么变化？（例如，腿上多了三个蚊子包，T恤热烘烘的，或者内心感到空荡荡的）

13. 如果把你和它合二为一，那会是什么样的？站在它的角度呢？/站在你的角度呢？/站在新生物的角度呢？

最后，请你以它的口吻写点什么。也许是它把自己发出的电流吱嘎声写成了诗，也许是桌子于自己沉默的中空中生长出了一个故事，也许是花朵给一只鸟的信……

以你独特的体验，上述观察方式还能添加进什么新的话题和角度？

这项任务借鉴了《写我人生诗》这本书中的一个任务"十三种看的方式"[①]。作者受美国诗人华莱士·史蒂文斯《十三种看乌鸦的方式》（Thirteen Ways to See Blackbirds）这首诗启发，引导写作者在观察中把自己置身于尽量多的可能性中。这首诗不那么好懂，不过阅读时我们能感到的是，它说着乌鸦，但诗人的思

---

① 参见《写我人生诗》第七章"十三种看的方式"。该书作者为塞琪·科恩，由中国人民大学出版社于2014年出版。我觉得这本书棒极了！感谢作者。

绪已由鸟进入一个更加辽阔和玄妙的世界。而引领人进去的，也许是黑鸟（乌鸦在英文中的名字为 blackbird）珠粒一样的眼睛，也许是它流线型的剪影，或者是它从空中划过的姿态。我们自己的观察也是这样。当我们进入观察对象那个具体的"物"的世界，它激发我们的却是更本质的关于世界的理解。在这样的探索中，人们自己也往往心意毕现。

需要注意的是，就算每个问题（最短）花 2～3 分钟时间，这份观察也需要至少半小时。请带好笔记本，准备好一段不被打扰的时间。你不需要任何先入为主的想法。比如，不用在观察之前就担心写不出什么。过于"为了写而写"，反而会让你的观察和写作不自然。就当是去陪伴它，和它一起度过这半小时的时光吧。或者，有时我们会为自己寻找一个特殊的地方。例如我观察医院是因为陪爸爸来看过多次病。但如果事先就在心里定义了"愁苦"，那么你就很难观察出其他什么滋味了。不要事先贴标签。观察的起点在于，我们权当自己还没有真正地了解它，要像第一次见那样去打量它。

> ## 创意写作课上小伙伴的习作
>
> ### 与水管一起咳嗽的 13 种方式
>
> 1. 这是一根覆盖着胶布般材质的圆形水管，似乎有 10 米高，从图书馆楼梯三层半的角落直直地抵达了将近天花板的位置，在那里像是圣诞节的拐棍糖果一样转弯进入了墙中。从食指指尖到大拇指指尖的长度，我的两只手一同努力可以括住它，又余出一根大拇指。

那胶布一圈一圈地缠着它，因为污渍和胶质老化泛起烟黄，又有微小但是繁多的细毛分布上水管上。粗看过去，每一圈胶布大概高 3 厘米，凑近观察它，会发现有的地方被上下覆盖住大半，只留下了矮矮的线。一些地方的胶布剥落了，露出内里被覆盖住的另一半胶布，从淡黄到白色的不同，使我知道每一处剥落已经告别第一层胶布多久了。再往里面，则是一层厚厚的黑布，依旧，我无法判断它的材质。有些剥落掉的胶布已经不知所终了，而一些依旧有所依托的半剥落者，则是零零星星地挂在水管上苦苦支撑，它们仿佛马戏团灯光下的走兽，奇形怪状、错乱无章、参差不齐……乖戾的狮子，已经在台上死去，无法在黑色的幕布前怒吼着扬起鬃毛。那不是太阳的落下，只是马戏团里一只狮子的死亡。只是一只狮子，我的狮子。

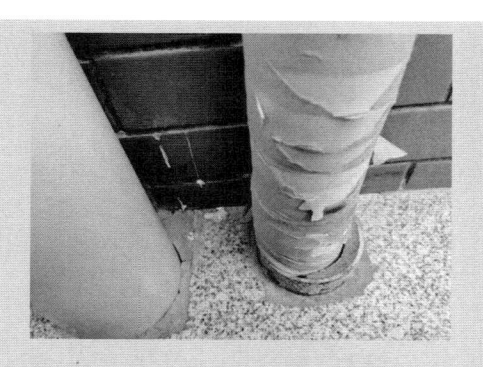

我嗅到老旧的灰尘味道，猜测中的胶质味，则在靠近的过程中随着时间而逝去了，再也不会出现在这根水管上了。

一层层胶布和布裹住水管，说布不布，说塑料不塑料，有点像是隔离带，所以它按起来是有点软的，我可以将它按压——瘪下去半厘米左右，再深便因为已经被压缩到尽头的层层材料的叹息，而无法再往前哪怕一分了。我的手指一松开，它便焕发出浑身上下唯一的活力，弹回了原状，哪怕如此，也没有发出抱怨我的声音。

我尝试环抱住它，可是它身后3厘米处的墙壁，与左侧的另一根粗水管一起，构成了坚硬的防线，我再怎么调整自己的手腕，都无法像拥抱一个人一样拥住它。它疏离着我，我默默像是拉住一条手臂般让两只手相触。

我弹击它时，打击与摩擦一同让我的耳朵感受到了沉闷的声音，哪怕外侧被拍击时依旧忠心耿耿地发出了脆脆的声音，内侧像是封闭的高塔，无法做出回应。那声音听起来有点病态。

在思考如何描绘水管时，那种比画来比画去的情景，不禁让我想起了《百年孤独》中的一句话："世界新生伊始，许多事物还没有名字，提到的时候尚需用手指指点点。"

2. 它让我想到了干瘪的洋葱，一层一层，最外层的皮是最薄的，中间则厚实了许多。

我想了许多物品去形容它的材质，无论是外貌还是手感，它都让我想到了一件不被人穿在身上的羽绒服。水管的内里已经没有了灌注流通的热水，而羽绒服不被人穿着的时候，便失去了温度——明明都是该带来温暖的物，却被我以最冰冷寂寞的原因联想到了一起。

唯独不像是木乃伊，我不愿用这个词形容它。

....

——2023届 白东海

[扫码阅读全文]

任务6："照相机"游戏

这个任务来自《深度自然游戏》一书中运用"心流学习法"的自然观察游戏[①]。

[①] 《深度自然游戏》作者为约瑟夫·克奈尔，由湖南教育出版社于2019年出版。书中说，"照相机"游戏是共享自然活动中最有力量也最让人难忘的游戏。我认为，观察自然是很好的选择，不过你也可以选择在室内观察。

两人一组，静默，其中一人是"摄影师"，另一人是"照相机"。"摄影师"把闭上眼睛的"照相机"带领到事先选定的一个具体事物前（并帮他调整身体姿势到拍摄所需的角度，例如仰卧或者俯瞰；以及告诉他景别，也就是一会儿需要盯住近处，还是眺望大远景），拍拍肩请他睁眼，凝视选定的事物8秒钟，再拍拍肩请他闭眼。

角色轮换。如是3轮。每个人以自己的眼睛作为相机，拍下三张曝光时间为8秒的"照片"，随后回到书桌前"冲洗照片"——把每个8秒所见用自己的话记录下来。

8秒钟的时间流逝，给了我们很短时限里的凝视。因为之前之后你都闭着眼睛，这份凝视得到了人为的强化和放大。某个角度下的奇特构图/光线，让我们看到了事物"不像它"的那个局部、花纹、纹理与光影……沉默的物的一点点真相，就这样冲进毫无防备的"照相机"的脑海和心里。这个练习适宜在一开始做。司空见惯的花树土壤被撕掉标签，兀然呈现在我们整个视野里。我们反而可以安静下来，发现世界新的可能性。

任务7：听音乐回应写作

不干其他事，选择一首音乐播放，在音乐结束后计时（例如：5分钟），写下自己听音乐时的所有感知，这不是"乐评"。体会自己毛孔的打开、脚心发痒、呼吸变快，我们不仅是在用耳朵听，也是在用膝盖、肩胛骨去感知。记录聆听时自己眼前浮现的场景、游动的线条和色彩，这些比"这个版本强于那个版本""这个风格我不喜欢"更真实地透露了我们身心对这首音乐的反应。

不要装腔作势去分析它,也不要一听前奏就拒绝它。就算你懒得拿纸笔,也可以尝试什么都不做,抱着膝盖和这首音乐待在一起。太多时候我们用耳机掩饰抵触的社交、陪伴不得不做的作业或者通勤,只是把音乐当个工具。或许音乐和你我一样,也渴望从凡俗事务中被解脱出来?

任务 8:"我微小的日常经验"[1]

请在你的日常生活中,找一件微小不过至少一定时间里你常做的事,比如涂唇膏、给鱼换水或者去麦当劳买咖啡。

这件事虽然小、平淡无奇,却包含着一点"你之为你"的特质。比如,我们课上的一个小伙伴选择的是每天放学回家时站在自己家门口问好(就是问一声好,并不是问给哪一个人听)。有时,她用普通话问好;有时,她在追日本动漫,就用日语问好。还有一个小伙伴写的是每天放学回家后,妈妈在厨房炒菜,她围在妈妈身后,说着当天发生的事。

当你找到这件事后,我们就可以开始了。

● 请回想你做这件事时肢体的感受。哪些肌肉参与进来了?它们有什么感觉?你身体的各个部位是怎么相互配合的?其中包含着什么样的韵律或节奏?你的呼吸是怎样的?5 分钟左右,回想并写下你想到的。

● 做这件事时,你的眼睛会看到什么?你会听到什么?闻到什么?你身体的触感是怎样的?(或许还有味觉?)用 5 分钟,回想并写下你想到的。

---

[1] 这个任务的设计参考了《写我人生诗》第三章"从你的所在出发"。

● 当时你的心情和情绪是怎样的——你是热情的还是淡漠的？你是全神贯注的？精力充沛的？无精打采的？你的脑海中会冒出什么样的意象和念头？用5分钟，回想并写下你想到的。

● 时间、天气和地点是如何影响你的体验的（比如室内或室外、哪个季节、早晨或晚上）？用5分钟，回想并写下你想到的。

● 回看写下的内容，关于这件事，你有了什么新的认识吗？它其实是一个应该早点改掉的小小恶习，还是你希望这样的状态蔓延到自己日常的更多时刻？

现在，你拥有了一份关于自己某个日常生活体验的记录。

请你在其中找几个自己最喜欢的词——它们应该最能代表你做这件事的独特体验——标出来。希望其中有名词、动词、形容词，2～5个就行。它们不一定是看上去很"有意义"的词，也可以是拟声词、数字……

请以这几个词为核心，拼一首小诗。

如果诗歌是活生生的，名词是血肉，动词将赋予它骨架，而形容词将带来细节和氛围。当一首诗中包含了事实以及对其意义的探究时，它就为我们准备出了一个思考和回味的空间。

需要注意的是，很多人认为诗歌要"有意义"，因此着意在里面放些"大词"，比如"美好""深刻""悲伤"。但是，当缺乏可以感知的细节时，这些"大词"很容易显得空洞，反而没法达到它们本该指向的那个深度。所以，我建议你多选择一些有具体指向但独特的词，比如"四点三十八分"或者"倒挂"。当这些表现具体事物的词被放在一起时，撞击就会产生。这时，尽管你不明说，读者也会思考字里行间蕴含的情感到底是怎么回事。

第二节　从潜意识出发的写作

颇有一些作家是基于自己的潜意识展开创作，例如残雪。当然，也一定有这样的画家、厨师、运动员……甚至，很多时候我们在面临重大决策时，依某种本能和第六感做出的决定好像电光石火，会更令自己安心。调动潜意识创作是个令人刺激的想法。毕竟我们所依赖的，是另一个潜伏在黑暗中、我们从来看不清其面貌的自我。可是，反过来，很多根据梦境或者潜意识撰写情节的作品，都给了我们关于作者心灵质地的另一种启示。就说梦吧，你不觉得，有时它比现实还真实？

有些喜欢写梦的学生，完成这个写作任务后也继续在打卡区记录自己的梦。当然，这是个容易有话说的题材。不过另一方面，或许还因为尝试过在晦暗的潜意识中跋涉的人，人生可能更加完整，想说的话会更多。

任务9：梦的写作

弗洛伊德说，梦是"通往潜意识的神圣之路"。

人类在这条路上跋涉了 5 000 多年，还谈不上勘破其中奥义。我们要做的，也并不是把梦的根系从土壤下的黑暗之地直接拔出，强迫它曝晒于光天化日下。反过来，我们要跟随自己的梦境进入内心深处，通过再次游历，希望来自意识层面的"自我"为它注入新的生机。

找出自己印象深刻的三个梦。从中选择一个印象深刻，并且你愿意再次进入其中探索和游历的梦，用彩色纸笔画出其中能画出的部分。注意，它完不完整倒在其次，首先需要真的难忘记。

核心意象带领你再次潜入当时的梦境，请原原本本地把这个梦记录下来。然后以此为素材，创作一个完整的故事。

注意：

（1）梦是不能由人摆布的（事实上，所有素材都是这样），所以写梦的过程不是写作者去控制它。但反过来，仅仅把梦记录下来，对于故事创作也是不够的。很多梦缺乏逻辑性，缺乏明确指向（主旨）的叙事。因此，在写梦这第一次正式的故事创作中，我们需要学习在创作的起点找寻故事的灵魂。一个没有灵魂的故事不会好看。

（2）以梦为素材的优势不仅是人人都会有独属于自己的梦境。对写作者来说，梦有一个特点，就是它是具象的。人们的梦总是有画面感，所谓身临其境，好像在放电影一般。而故事也是具象的。因此，梦中的画面、情节、场景，会是未来那个故事的"物质根基"。梦中的核心意象也许是声音、颜色、光线、某个物体或空间，比如竹林、惨白封闭的电梯空间、红红火火的火锅城、和老虎之间的对峙……它们赋予这个梦的物质环境独一无二的质感。因此，首先你要确认梦的核心意象，尽量连蛛丝马迹的细节也不要错过。

（3）但是，梦还有另外一个特点：它是非逻辑的、非理性的。而且梦往往是支离破碎的断片式的。怎么把它发展成读者可以理解的故事呢？我们需要寻找和确认梦里"精神上"的核心，就是它触动你的情感之处。无论是醒来后枕头上的泪水,还是久久不能忘怀的温柔,你都需要跟自己确认其中包含着怎样的情感。这份情感的背后,很可能就是你故事的主旨。对中学生来说,尤其需要具备主旨意识。你信不信,所有故事都是在探索写作者自己的心意。

(4)当你抓住这个牵动你的心的地方时,就请你沿着它,不断地提问和探索。问问自己"为什么"以及"怎么了":这群人为什么会出现在这里?后来发生了什么事?那个人为什么会那么悲伤?他为什么会举起刀子?我在梦里为什么听到那句话那么难过?……跟素材对话,让故事像植物一样蔓延、生长开来。不管你的梦如何不完整,只要核心在,通过不断探问,就有可能把前因后果补足,让它由一个"面团"抻长成一根"油条"(故事是时间的艺术,它需要时间去讲述、去发展)。在这个过程中,你可以把"我"替换成第三人称的某个人物,去为他/她设计故事。

并且,我现在就可以告诉你,"梦醒了"不是一个好的结尾。它暗示着创作者在思想上的懒惰。读者看到原来一切都是假的,会感到失望。

(5)由梦创作故事的过程,需要尽量不去损伤潜意识世界原本的瑰丽。我们用更加明确的内在逻辑把梦境串起来,借以表达自己的真实心意。其中需要学习的就是在创作中首先要抓住最打动你自己的地方,无论是意象还是情感方面,这是未来故事的根基。

创意写作课上小伙伴的习作

狗链(基于梦改编的作品)

夜色正好,但没有月亮,明天大约是个阴天。我想起前些日子慵懒的阳光，想念它落在身上时最暖的感觉，对明天的灰蒙蒙略感不悦。

母亲推门而入。"你明天要去结婚。"

"啊？……哦。"

我被如此随意地通知了，就像父母要求我去倒个垃圾一样。我明天要去结婚了，这个任务似乎一点也不艰巨。站在那里，笑一笑，应该就可以结束了。

不要以为我还处于20世纪30年代，这可是个高度文明的国际化大城市。我上网搜索婚姻法，反复确认了好几遍，白纸黑字赫然写着：法定结婚年龄女二十岁。而今天，我离十七岁还差三天。

"没事，"父亲坐在阳台的藤椅上，抿着嘴里的Whisky，"反正对方也才十九岁。"沉默良久，他终于肯抬眼朝我的方向看了一下。见我仍呆呆地站着，他加了漫不经心的一句："挺搭。"

我走回房间，法定年龄的事情在脑海中挥之不去。我甚至有些怀疑自己是否记错了生日，慌忙从床底下的黑色皮包里翻出户口本。我的记忆没有骗我。所以，是户口本错了，还是婚姻法错了？我努力思考，脑细胞都要烧光了。"反正人没错，"我告诉自己，"还是睡觉靠谱。"

睡觉的确靠谱，早上我睡过头了。

"哦，你起来了。我们走吧，"母亲披上了工作时的黑色西装，抓起车钥匙扔进皮包里，"你爸出差了。"

我拉开窗帘看看天气，果然阴天。此刻的我开始庆幸今天是灰蒙蒙来陪我，我害怕见到阳光冲我露出青春的笑。我从堆着的衣服中掏出浅色运动上衣和灰色牛仔裤穿上，看着镜子里的自己，挑挑眉毛：这身和今天的云层很搭。

　　车还是熟悉的车，我还是熟悉的我。不过，结婚倒是件新鲜事，可以试试。我没察觉到自己因为这有趣的新鲜事而露出了一丝笑意，却被母亲敏锐地捕捉到了。"你笑什么？"她瞥了我一眼。我没理她，继续思索着我为什么就要结婚了。好像没有理由。与男方既没有物质利益，也不是什么世交，就单纯觉得该结婚了吧。不过，这些大人的心思，我可搞不懂。

　　车在等红灯，窗外有人在遛狗。那个四五十岁的男人站得笔直，严肃认真地盯着报纸上的头条新闻，右手紧紧攥住狗链。那是一条红色的狗链，鲜红，鲜红得刺眼。白色贵宾犬被脖子上的链子勒得一点也不舒服，拼命甩头想挣脱。它试图转身用爪子扒开链子，但它够不到。狗链勒紧了脖子，它叫不出来。它一直在与链子抗争，可惜绿灯亮了，我终究不知道那个看起来博学沉稳的男人，有没有把那只狗从狗链的魔爪中解放出来。

　　　·············

——2017 届 馨池

[扫码阅读全文]

梦的写作二稿头脑风暴[①]

作者自评

0. 夸夸自己。哪儿是你写得最开心的地方?

1. 故事/梦中,你最在意的点是什么?例如:

某种情绪(悲伤/轻松愉悦/好奇/勇气与力量感……)。

某个非现实的世界观背景(奇异的空间/光线/色彩,奇异的时间……)。

某(些)个独特的情节(发生了与现实相悖/荒诞/你渴望已久的事)。

2. 以你最在意的点(或它背后被唤醒的能量)为核心,再次捋一下叙事脉络吧。

- 这是谁的经历?(主人公是谁)
- 故事时空里所经历的事件,对他来说意味着什么?
- 目前结尾的位置和方式合适吗?

因此,你也许还需要简单捋一下主人公的人设

故事里,他为什么出现在此地?所欲何为?(动机)

他的性别、年龄、社会背景(职业/信仰/在故事中的身份)、性格气质(优柔寡断/理想主义者/市井气/勇敢/脆弱/自负/悲观厌世/……)。

3. 回过头来再看,什么应该是你叙事的重心(重头戏)?目前全篇的情节详略得当吗?

[①] 为了便于课堂教学或小组写作,本书最重要的几次创作——梦、人物、场景、矛盾冲突和回忆录放入修改时的头脑风暴,同时放入小组合作/读者互助的内容。

4. 从初稿到修改稿,你目前最大的困难是什么?

读者互助

1. 这份初稿里,最吸引你的是什么?(氛围?细节?人物的个性?独特的场景?……)

2. 提出你读后的两个问题(希望是关于"为什么""又怎样"的问题,而非细节问题)。

3. 请就作者自评第四题,给作者支招(希望是能直接用的招)。

有时,学生会问我:"我的梦很'负面',可以写吗?"或者:"我的梦的确让我难忘,但我真的不知道里面能看到什么意义,怎么办?"我的回答是,不管什么"面",都可以写。人性本来就是复杂的,如果不面对真实,还有什么意义?至于找不到意义,这是写作对于写作者的考验。很多时候,写作所求于我们的,与其说是求得一个定论,不如说是摸索一个方向、寻求一种可能性。

写梦的乐趣,恰恰在于梦境带领我们走进每个人鲜活生猛的心灵深处,那里既摆脱了白日的理性控制,又有着丰富多彩的细节。我的很多学生的梦的写作,是他们整个课程内的作品中最富有生机和深意的呢!

这也启发了我,应该心存敬畏和探索之心,对待我们的精神世界。

第三节　让字词撞击的写作

并不是所有人都热衷感官游戏。有的人出趟门就要打伞，有的人嫌草叶脏、土地凉。也有人想象力方面毫无问题，可就是毕生记不住一个梦。这种时候，作为创作状态的开启，或许你愿意试试字词撞击的游戏。

文字作为书面的表达和交流工具，在受过教育的人心里往往神圣不可冒犯。勇敢诚实的创作者，往往需要撕掉标签，凭着童真把文字高抛到半空，任由其自由落体。如果看到下雪就只能感叹"白雪皑皑""洁白无瑕"，你自己也会有种舌头被绑住的败兴。如果想说出更切合当下实情的比喻，你首先就要承认思维不是字典，没有刻板顺序。人的思维变动不居、无边无际。

假设字词句是你手中的纸牌吧！随意把它们打乱、重组，听着噼噼啪啪的声响，这着实让人愉快。而对自己创造力的再发现、对生活的新发现，就孕育其中。

如果你对陈词滥调深感厌恶，不要犹豫。

任务 10：造字

据说，阿拉伯语里关于骆驼的词语有上百个，因纽特人创造了几百个与雪有关的词语。每个行业、每个地区的人，都有自己独特的词汇表。语言和文字的背后，是人类对世界的认知。

可是，即使有这么多词，当我们想要表达内心的某种状态时，有时我们还是会感到"找不到合适的词来形容"。这不一定是词汇量的问题，而是人生的境遇起伏莫测，人类的感受力又本是如此丰富。那么，围绕你的个体世界，你能否造几个字/词来表现它呢？较之"拼词"，更加原始有趣的方式是"造字"。

（1）请回忆、捕捉你生命中一次独特的体验，为它造一个字。

这次体验不一定"隆重"，但一定是为你所独有的。也许是每年初秋的夜晚你骑车路过那个大十字路口时，四下的虫鸣给你的凄凉之感；也许是某种你最喜爱、看到它就汗毛孔舒畅的绿颜色……

（2）再造一个字，以表现自己生命中某种负面状态。

也许是你和某人若即若离的关系。这种关系让你不堪忍受，走在路上都感到两旁建筑向你身体压过来。也许是像黑色虫子一样啃噬你骨肉的拖延症，如影随形好多年了……

注意：

（1）造字时，要从自身的感受出发展开联想。因此，与其急于去拼凑偏旁部首，不如闭上眼睛，再次回到当时的状态中去。这样造出的字才是有生命力的，才会真的独一无二。

（2）你要全面考虑所造之字的音、形、意与表述对象的关系。尽量使你的字简洁和富有美感。

创意写作课上小伙伴的习作

其一

伤 有一种鬼叫作付丧神。物品使用次数过多的时候就会变成付丧神,它有自己的思考和行为能力。这时候,它就不再是"物"了,读作 xīn。

田 无法用心去思考。我一听到自虐就想到仓鼠的失序症,就是仓鼠无法控制住自己去无限地重复一个动作,直到疲劳而死。我想到"失心症""失思症"之类的,最终还是决定自虐是一种无心的思考,在想,但无法由自己的内心去控制。和"田"的不同在于,它是"思"的上半部分,所以是比"田"扁一点(没有能在图片里体现出来),读作 téng(因为自虐很疼啊,无论是肉体还是内心)。

——2018 届 亦乔

其二

读作 yūan,独眼巨人体形高大,能够扔石头,代表着力量。独眼巨人生活状态很原始,穿着兽皮做的衣服,住在山洞里,茹毛饮血。独眼巨人也和孤单很有关系,独眼巨人只有一只眼睛,一个人居住,与世界为敌。《怪物大学》里的大眼仔也只有一只眼睛,他则是鬼灵精怪,有些自私,也会在关键时刻挺身而出,一只大眼睛和利齿的搭配很可爱。

> **忈** 读作 lì，代表说"不"的勇气。只做想做的事情，对不想做的事情有勇气说"不"。
>
> ——2017 届 石钰鑫

如果你已经拥有了自己的字，让我们休息一下，一起回忆《小王子》里那段经典的对话吧——

狐狸说："对我来说，你还只是一个小男孩，就像其他千万个小男孩一样。我不需要你。你也同样用不着我。对你来说，我也不过是一只狐狸，和其他千万只狐狸一样。但是，如果你驯服了我，我们就互相不可缺少了。对我来说，你就是世界上唯一的了；我对你来说，也是世界上唯一的了。"

....

狐狸沉默不语，久久地看着小王子。

"请你驯服我吧！"他说。

你有没有感到，造字，甚至写作，都让我们的经验、让我们自身成为"世界上的唯一"呢？当我们在创作中再次回味我们的经验，那不再仅仅是时间的流逝，或者错与对的判断，而是具有了更深一层的存在意义。它让我们把自身同世间的万事万物，真正联系在了一起。

对于狐狸的话，小王子给出的回答是："可是我的时间不多了。我还要去寻找朋友，还有许多事物要了解。"

这像不像你我的回答呢？我们总是如此匆忙，没有时间去耐心地观察、专注地体验。

随后，狐狸说："只有被驯服了的事物，才会被了解。"

就是这样吧。

你有没有想过，或许可以造上十个字，勾勒自己到目前为止的生命历程？

任务 11：诗歌拼贴

本书的主要任务是教授叙事。虽然有些诗歌也讲故事（叙事诗），但诗歌较之小说、童话之类的叙事作品，更不在乎范式，更具个性化和艺术性，因此不在我们课程的范围内。可是，诗歌拼贴这个任务在激发创造力方面实在是人人称道，而且做手工的过程本身也给人乐趣及成就感。所以——它就这样与你见面了。

请准备好一份废弃的图书（或者杂志、报纸）、剪刀、胶水（或者胶带）、纸笔。

请在图书（或者杂志、报纸）内随意选择一篇文章。在给定时间里，比如 40 分钟，用这篇文章里的字拼出一首诗。这首诗的绝大部分字或词，应该来自文章中（如果缺少个别不重要的字，可以由你补上，但关键字或词一定不能是补的），但诗的主旨甚至主要内容，可能和文章完全无关。

你可以先用笔在文章中圈出选中的字或词，最后一起剪下来粘贴到一张空白的纸上（别忘了题目）。你还可以用原书上的图案或者自己用剪刀剪出个性化图案，来装饰你的小诗。

全部剪单个的字，较之剪现成的词难度更高，但也绝对更好玩。

创意写作课上小伙伴的习作

野心

猎人们第一次失眠
在十点左右的银河系
生在大麦云中的死亡和
巴里·马度尔
非常暗淡。
没有哪种中子星，
在地球的另一侧，与神
兴奋得
像圣诞节。
距美国克利夫兰不远的伊利湖下的浅盐
或者一个黑洞
会坍缩成同一颗超新星
来自太阳以外的约翰·巴考
正如一个热情洋溢的云。
内部深处的爆炸现场。

——2016 届 黄子瑜

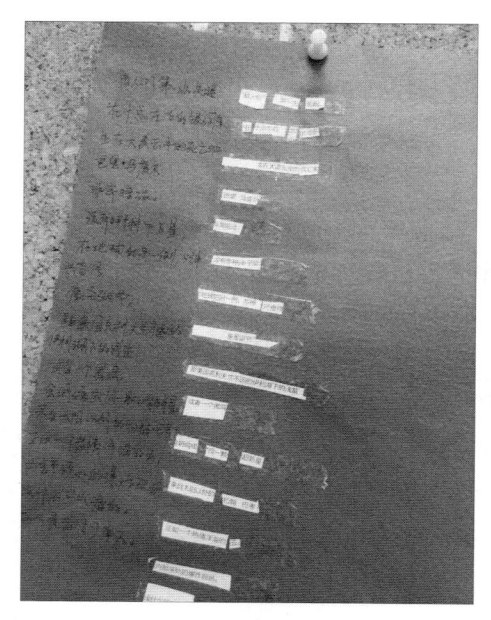

诗歌拼贴作品《野心》

诗歌拼贴作品展示 　　　　诗歌拼贴课的现场

注意：

（1）一篇文章的用词肯定脱离不开它的主要内容和行文风格——无论这篇文章出自汽车杂志还是《读者》。可也正因为如

此，当你单拎出这个字和那个字，让它们在撞击之中产生新的意思，你一定会像目睹开春的浮冰在湍流中轰然崩塌一样心潮澎湃！

（2）如果做得再极端些，你甚至可以尝试用最不具创造性的文本作为词汇素材库。一本"五三"（《五年高考三年模拟》）如何？

任务12："我来定义日常事物"

把一些最常用的词分别写在卡片上，随机抽取，然后为它们联想"非正式的"定义。撕掉人们对它们的刻板印象，从直觉中爆发出荒诞不经的联想。或许这才是它们本来的面目，也未可知？

山精曾经抽到过的卡片：

儿童　苍老的时间刻度仪。小手轻轻指点刻度，就会改变某人的一生。

夏季　是人们对烹饪过程中最漫长的那道工序的执念。在那时，锅底之物暗无天日，胶着翻滚，厮杀至于糜烂。

风　腐朽的十个大力士才能合力推动。往往呈方块状，兀自立于收割后的旷野之中。

如果陈词滥调将要毁灭地球，你就是被赋予了使命的拯救者。

任务13：词语大撞击

两人一组，各自在纸上给对方写下一个名词，交换纸片；再各自给对方写一个形容词，交换纸片。请在5分钟的时间内，用你的小伙伴给你的两个词，写一首三行诗。（这两个词不一定是关键词，出现即可）

各自在纸上给对方写一个动词，交换纸片；再各自给对方写一个表示时间的词（如：4：52，冬至傍晚，大醉之后）。请在5分钟内，用小伙伴给你的这两个词，写一首三行诗。

各自在纸上给对方写一个名词，交换纸片；再各自给对方写一个表示心情的形容词。请在5分钟内，用小伙伴给你的这两个词，写一首三行诗。

各自在纸上给对方写一个表示地点的词（如：幸福大街，北纬27°，世界尽头的灯塔下），交换纸片；再各自给对方写一个表示颜色的词（如：柠檬黄，薄荷绿，灰蓝色）。请在5分钟内，用小伙伴给你的这两个词，写一首三行诗。

············

当我们把桌子推开，只用椅子在教室围成圆圈玩起来时，90分钟一节课都玩不够。希望你们也可以一路玩下去，直到疲倦为止。

附：创意写作课上小伙伴关于灵感的领悟

1. 说说你的"灵感被打开"的时刻。

应该是小学五六年级的阶段。

我记得我坐在自家的车上，那天雾很大，车窗上形成了一层薄薄的膜，人体带来的热度使得一接近它就凝出一粒粒小水珠。我没在上面写些什么，我只是把手贴了上去，感受到有水覆上手掌，有一点儿凉。视线从手指的缝隙间向外扩散，看不太真切。

就在那一刻，有几个词飘进了我的脑海。之所以这么说，是因为我总觉得不是我在那一刻抓住了它们，而是它们不请自来。

冷凝的霜和凋零的火。

我无端地想起这几个字眼,并在之后像是被它们引导着似的写出了第一首"诗"。

现在想来,那一瞬间给予我灵感的,应当是"无目的"或是"虚无"。我的身心都在这种虚无中放松下来,卸下了一切防备,于是得以被灵感全方位地侵入,或是我浸入了空气中的灵感——谁知道呢,时至今日我仍分不清主动权究竟在谁手中。

——虹

课程中灵感的第一次出现,是在第一次写作课上,当我观察火焰的时候。我觉得写作课帮助我注意到并重新认识了许多生活中经常被我们忽略的事物。当我专注地盯着火焰时,我的内心开始变得平静,由一个小小的火焰作为出发点,开始联想到很多其他的东西,比如生日宴会、南瓜灯、房屋,再由这些事物联想到"温馨""舒适""期待"等词,这些词语混合在一起,灵感就随之而生。之后再接连不断地想到了其他各种东西,灵感便越来越强烈,越来越清晰。

——敬雅婷

这个例子可能就是为巧克力写的那个人物 Rudolf。当时,我一直不知道把它写成一个什么样子的人物、它有什么性格。最开始,就像大多数学生一样把它写成了一位很平常的女性。后来,我就和朋友吐槽说我感觉写不好男性,只能写女性。我的朋友建议我尝试写一写男士。我觉得她说得有道理,毕竟不尝试一下的话,也许不会发现比起写一位男士而言自己更不擅长写一位优秀的女士……我尝试了一下，发现这个口味的巧克力，把它写成男士远远比写成女士更容易。于是，我根据它的味道大概确定了"他"是一个处世圆滑，话又很少，但是内心远远比外表看起来更加火热的人；我又确定了"他"喜欢的音乐风格，根据它的样子确定了"他"喜欢穿什么样式的衣服，又根据它的品牌和价格确定了"他"的社会阶层和所生活的历史时期。至于"他"的名字，则是受 Lindt（瑞士莲）巧克力的创始人名字的启发。"他"生活中的故事有一些来自它作为食物的特性，还有一些参考了路易十八时期的部分历史和部分名人的生活经历，比如"他"违背了家庭的意愿执意前往瑞士。总之，Rudolf 是一个杂糅的产物。中间，我根据自己的心情以及看到的新的资料和故事进行了一些删改，让这个人物显得更符合常理也更真实。当然，"他"还是有很多地方被我省略了（因为暂时厘不清楚这些东西），有些地方也不完美，但是我还是非常喜欢这个人物，我甚至想要把今后的一些大作品也用来补充这个人物的故事。

——Elvellon[①]

当时是晚上了，自己一个人坐在屋里，没灵感。周围特别安静，安静得让人有点儿害怕。窗帘是拉着的，门也关着。只有一盏台灯在脸的左边，亮着黄光，让怕黑的我有了安全感。就是这抹光，让我爱上了微凉的夜晚独处在这间屋子里的感觉……

[①] 学段结束时，作者 Elvellon 真的把由食物体验而成的人物小故事扩充成了一个完整的大作品《UNSTILLBAR 贪得无厌》。作品原文可在微信公众号"赤盐"中搜索阅读。

光在黑夜里拉开了一道裂缝，然后自己去填补，裂缝却越烫越大了。

就眼前这种场景，我托着腮，发着呆，放松眼皮。几近一种放空的状态，沉入某种空气中，感受不到自己的呼吸。空间在流动，时间在凝固。很微妙的一种感觉。情感一个一个生出，杂乱无章，包围着我。

我忽然知道要写什么了。之前预设的字一个都没用上。

——秦亦初

灵感是真的突然就来了。备忘录里有好多自己突然就有的脑洞。很多时候是上课发呆时，看到了某种东西，然后思维跳来跳去，就想到了故事。有次看到屋顶，就开始想象会出现什么样的人在屋顶上。有时候想到很久以前的邻居，就会想如果我们未来再次成为邻居会不会像童话故事一样。我觉得我捕捉灵感就像拉一根线，我一直往前走，但身后一直拖着这根线，时不时地拉上来看看这根线有没有粘住什么好玩的东西。

——易一之

……这些想象都是转瞬即逝的，对我而言，它们很多时候的意义其实并不是太大，不会达到让我产生写作冲动的程度。不过，在很少的一些情况下，如果它们确实对我产生了足够大的触动，它们就自然地会一直萦绕在我脑海里。我不需要去记录它们，它们会自动地在我的大脑里开始缓慢地生长，通过在生活中吸收各种各样的碎片来自我完善，逐渐变得饱满和立体。这是一个比较长的过程，而且随机性非常强，但是每个值得我动笔的灵感都会以这种方式逐渐生长起来。只不过，许多时候最后生长出来的并不是一个故事，而仍然只是多个静态场景的叠加或者组合而已。

——Iris

2. 你认为灵感是什么。

灵感就像是一股泉水，从心中涌向全身。只要是在有驱动力的情况下，它就扩散到全身。

我大概是在无事可做的时候才会产生灵感，或者是看到了什么有趣的事情。但是，我基本上只是在心中思考片刻就忘却，说起来更加像是抛弃的感觉。如果产生了我难以忘却的灵感，那大部分都会被记在手机中。

——臧元祥

大概是在自己很感性的时候……像是小石子投进湖中一般，无法抑制地下沉，让水去包裹自己。而记忆和思想会像是水波一样，由纵至横扫过全部的记忆海洋。有时候会发现一些之前没发现过的、快被遗忘了的小事情。那些就是灵感，是关于"情感"的灵感。

——而不知

偶尔我在认真体验事物的时候突然会有一种特别特殊的感觉，就好像它和其他一些事物突然产生了某种联系。可能这种感觉就是我的灵感。

——罗逍

灵感是无心中的有心。

——闲步晚风前

灵感出现在你真正知道什么是生活、怎么去享受生活的时刻。当你长期养成这种能力,灵感无处不在。任何地方都可能捕捉到灵感,但是室外是最强烈的地方,尤其是晚上,有月亮,一台简单的电脑和一个装满细节的脑子。灵感就画在墙上,屋子已经没法要了。

——pp虾

……我认为灵感与刻苦学习、不断积累知识关系不大,而与实践和创造力密不可分,因为你只有去投入地做一件事,才能在整个过程中潜意识地收获一些深层的东西,这些东西日渐积累,可能某一天就会转化为灵感。

——李易明

我得在一种节奏稍慢的时间里才能找到灵感,跟我身处何处无关。现在生活天天跟催命一样,心静下来是很难得的。

——刘熠辰

3. 关于灵感的提问与回答。

问: 一个人能不能在没有灵感的情况下写出好作品?

答:

我觉得不太行,因为你只有对自己所写的东西产生真正的想法,才能继续很带感地写下去。

——刘伊婷

没有灵感的时候,人就完全不会有写作的欲望,好的作品也就不可能写出了。

——杨乐和

问: 是不是所有的写作都需要有灵感才能进行下去?是不是没有灵感,写出来的文字就是不好的呢?

答：

写些无关个人精神的东西完全可以进行下去。可能语言表达准确，可能语句优美流畅，只是可能不会让人觉得很"灵魂"。

——浣野

问：灵感应该有好坏之分吗（比如，有深度的就是"好"的灵感，没有的就是"坏"的灵感）？

答：

灵感大多数时候是给你一个方向；至于深度，还是看自己。

——郑修齐

我觉得没有好坏之分（除非说灵感是不是正义）。可能有时灵机一动产生的想法未必是真理，不过都是个人思想上的进步吧。

——略

问：我的想象力在平时好像不那么活跃，只有在某些时候能释放出来，比如在非常特别或者非常安静的环境下，而能够达到我要求的这种环境又很少遇到，所以经常会有找不到灵感的惨状。还有一点是觉得自己的灵感不那么新颖和有意义。怎么办？

答：

哼哼哼，根本不需要觉得惨，觉得找不到环境，就去适应环境，在嘈杂的环境胡乱写写，多试几次。至于新颖和有意义，更不用担心，老套的东西不一定就不出彩（各种电影"炒冷饭"，观众还不是要喊"真香"）。所有关于有没有意义的评价根本就是主观的，不用担心他人的眼光。自己想表达什么内涵？确认就好了。人类的赞歌就是勇气的赞歌！只要敢于下笔，就一定能谱写出你的篇章，无论长短！

——赤圆

问：我这个人灵光一现的感觉不太多，怎么才能让自己的思维变得活跃和多元一些呢？而且有了灵感之后，怎么把它扩充成一个故事之类的呢？

答：

首先，你不要先把自己定义成一个"灵感不多、想象力不够"的人，要相信每个人都是有灵感的。如果每次需要"开脑洞"的时候，你都先跟自己说自己不擅长想象，那么你在潜意识里就已经在抑制自己产生灵感了。其次，关于怎么把灵感扩充成故事，我觉得你可以不用在一开始就试图构建出一个完整的故事情节，这样只会让你无法下笔。可以先顺着灵感写下去，说不定就"下笔如有神"了呢。

——罗雍

问：我感觉我灵感出现的条件还是比较苛刻的，如果不符合，比如时间不够，怎么能找到灵感，或者说灵感出现的条件有办法改变吗？

答：

我觉得你应该找到一个自我放松的方法，比如深呼吸、听音乐等，这样在时间不充裕的时候你也有办法让自己放松下来，不至于因为太紧张而脑子一片空白。你也可以在平常放松的时候记录下自己脑子里一闪而过的灵感，给自己建立一个灵感素材库，这样你以后产生灵感的过程可能就会更顺利一些吧。

——罗雍

我觉得最重要的还是放松自己，让大脑里的意识自由地涌动吧。迅速进行头脑风暴，灵感出现得也会相对迅速啦。另外，不要抑制那些瞬间出现的情感，让其发展。如果时间太紧，就从现实中取材吧，或者站起来四处走动走动，运动一下，让自己累一点，获得另一种状态下的刺激。

——秦亦初

问：有的时候明明印象深刻的事情，但在写作文时就是想不起来，事情一过灵感倒源源不断地涌来了，只能让我叹息之前自己怎么没想到……灵感常常在不合时宜的时候出现，这还挺让人困惑的。怎么办？

答：

确实是这样，一紧张大脑就容易卡壳。不过，我建议你每次有灵感时都记下来，写成文字或录语音都可以，很简短的就行。如果担心写作时没灵感，就在写之前看看这些。不过，还是尽量在写作时放平心态，去找新的灵感。

——爆豹

问：若是灵感稍纵即逝，有没有什么办法再次想起来呢？这种感觉就像是话都到嘴边了却忘了要说什么，真的很让人苦恼。

答：

灵感迸出的时候，记得用心去感受，顺着灵感的方向探索，尝试追问自己、追问灵感，试着多察觉，而后用自己能理解的方式记录下来当前的感受，无论是几个词还是画个简笔画，都比只用脑子干记着强些，毕竟灵感真的是短暂存活在当下的，有时间赶紧记下来吧。

——浣野

问：有的时候，有灵感之后并不一定能写出很多东西？
答：

我觉得打开灵感的目的不全在于写出很多东西，把最真切的想法和感受写下来已经很好了。如果想要写出很多文字，或许需要观察、感受时的细致和对文字驾驭能力的提升。

——王依琳

问：是应该把灵感整个捧出来就好呢，还是需要加工呢？
答：

灵感是不需要加工的吧，是很纯粹的想法呀。但是，你要用灵感去写故事，或去表达给别人看的时候，你可以修饰得让我们更好懂，或者能更好地感受你想表达的东西。

——安叶之灵

我觉得灵感需要加工，但其实加工也不一定就改变了开始时的灵感，它只是让故事更加完整和丰富，中心还是基于自己的灵感。

——郭馨阳

毕竟写作是持久战，我觉得灵感更多是一篇文章的基础，之后如果想写成艺术品，还需要精雕细琢。

——赵青源

我脑子里总是会有不少灵感，但我并不认为这所有的灵感都是可取的，有的会太过幼稚或不成熟，以至于最终会使得整个作品降低档次。所以，对灵感进行一点修饰并且对其进行挑选，从而运用到自己的作品中去，才是比较可取的方法吧。

——欧阳浚哲

问：有些时候一些事给我灵感，但是动笔的时候又突然觉得乏味了，就好像是在脑子里把有趣的点都过了一遍，然后觉得这个已经没有意思了，于是又没有动力记录了。怎么办？

答：

如果想过一遍以后会觉得乏味，不如最初先不要想得那么彻底。打个大体框架保证结构合理后，就开始写，在每个部分中尽情发挥，写着写着就会有很多有趣的想法产生了。我也觉得灵感确实是有时效性的，但又没办法时刻都准备着写作，不如在灵感产生时多问自己一些问题，追寻更多的灵感和自己的感受，试图具象化它们，记录感受，就会错过得不那么彻底了。

——潘奕含

问：这几节课都是先体验了一遍之后，记录下来，所以感觉灵感会顺其自然地产生。但是有的时候，给一个题目或者没有任何设定，让你写，你就会突然大脑一片空白，感觉自己什么都没经历过一样。怎么办？

答：

给定一个题目但是并没有体验条件的话，可能就要靠平时的积累或是打开想象。如果没有设定限制，可以看看最近有什么经历，也许就有灵感了呢。

——戴澍涵

我也有和你相同的感觉，但是每一次我静下心来用心去搜寻自己脑海中记忆碎片的时候，灵感就会迸发出来。

——孟扬

问：有的时候，想要获得某方面的灵感，会去做相关的事情，但是做完之后还是没有收获。怎么办？

答：

我觉得，可能太急于找到特定的灵感的时候，不会静下心去思考或者感受，所以把全身心投入那件事中，但不是故意要去想那件事，可能会更自然而然地找到特定的灵感。

——小偏

问：找到灵感已经不容易，而有时候记录带给我更大的困难。奇妙、神秘的感觉难以用语言描述，写出来颠三倒四、不知所云的东西很可能第二天我自己都看不懂。怎么办？

答：

简单地记述一些关键信息以及你为什么觉得这个灵感吸引你，然后慢慢抒，相信你的思路会更加清晰。而且我觉得灵感这种东西记述的时候不需要面面俱到。在记述事情上，我觉得还是应该想清楚自己灵感的中心是什么。

——刘若骐

问：有的时候，自己有很多想法，但是感觉非常混乱，经常要思考好长时间才能得出一个自己认同的答案，或者在组织语言上花费很多时间。不知道有什么好方法可以准确而有效率地把自己的思路记录下来？

答：

其实，当你有许多想法的时候，把它们都写下来不会很花时间。写的时候就像是再整理一遍，写完之后再回顾一下，内心应该会平静许多，便能有更清晰、更有意义的想法了。

——绿鸭子

可以当时把这些感受和想法都捕捉和记录下来，但是要简单记录，最好要快一些，更不用纠结用词、组织语言之类的，用自己能看懂的方式写下来就行。都记录下来以后，可以回头审视一下自己写下的内容，再进一步整理和组织语言。

——梦舒

问：我觉得，灵感有时并不能用文字记录下来，并且那一瞬的灵感之后再写就不是当时的感觉了。怎么办？

答：

我有时候也是这样的。我觉得首先是提升自己驾驭文字的能力吧，如果真的不能很好地记录下来，那就去享受那一瞬间的微妙感觉。

——王昊艺

不能用文字记录的"感觉"也是一种感觉，把"感觉"记录下来也会有一定的帮助。文字可能是杂乱无章、没有逻辑的，但那确实是当下最真切的感受。

——王依琳

问：我的灵感一般靠各种切身体验得到，但生活中这种体验还是很少的。感受和把真实感受到的事情记录下来不是很难，但要把这些体验编成人物或故事我就觉得很难。我不知道在这两道程序间思路应该怎样过渡，因此在编故事方面我还很困惑，包括情节、人物的性格、身份设置、人物的名字等，有时候自己写出来的东西自己都会感觉很别扭。怎么办?

答:

一个故事灵感的开端一般是一个关于故事情节或者人设的想法吧?之后要让那个人物或者某个画面在脑海中"活"起来,有些模糊的地方需要加以思考并使之清晰。如果你觉得别扭,可以试着再考虑一下是不是因为你笔下的人物在故事推进中做出了不符合她/他人设的举动。关于人物的名字,我觉得你可以不要过多纠结于她/他叫什么,因为不管名字是什么,她/他都是你脑海中那个鲜活的人物。先把这个人物的形象构建出来,说不定写完文章那个灵感就迸出来了。

——曼听

我也有和你同样的困惑。既然你自己都说了"感受和把真实感受到的事情记录下来不是很难,但要把这些体验编成人物或故事我就觉得很难",那干脆就不要编了,先把你的真实经历用最真实的文字和姓名写出来。故事基于事实,而故事中的人物特征也基于现实中的人物特征,打开思路,这样自然而然地就有一些新奇的想法迸发,进而"粉饰"你的事实,让它变成一个故事。至于人物的性格,也尽量要把他/她/它的一些主要特点放大,这样你的人物不至于太过相似。

——玄妙

问:我经常有很多初步的想法,但是没有一个令我非常心动,想要沿着它继续想下去,并发展成一个完整的故事。这个时候反复纠结和焦虑。这种情况下该怎么做?

答：

要想有故事可讲，就边画/边写边想，感觉之后肯定/大概/应该会怎么进行就怎么进行，等一部分故事出来，往往写到后面能意识到前面某个东西可以作为伏笔，就出来一条（故事）线索了。

——Infinatesheep

问： 只拥有灵感，或者一腔孤勇写下来的文字，如何让他人读懂？

答：

我觉得，不管是仅有灵感而没有包装的文字，还是在灵感的基础上加以修饰的文字，都是不可能被读者完全读懂的。不管如何尽力诉说，读者所能够读到的信息在更大程度上还是取决于读者本人，而非作者。毕竟读者是在用他们的思维去理解你的文字，而不能借用你本人的思维，不是吗？

——霏

👉 给教师的建议

1. 倒回写作的源头，以孩童的眼睛重新凝视周遭日常，秘诀无他，就两个字：专注。

在过于嘈杂的现代社会，沉浸/专注实属难得。

你需要花费心思，为学生营造适度放松的环境，同时打造团队里的安全感。让不同性格和需求的孩子在人群中都能相对舒坦，并且不干扰他人。

2. 不论为了提升能力还是健全人格，"写好"之前是多多地写。教师首先要放下对单一评价标准的执念。

3. 如果认可写作是一项表达工具，你应该可以理解团队中的写作不存在比较，而是求同存异。帮孩子们结对、拉着手去户外蒙眼体验，和组织大家写完后读出来、以声音连成"我们的诗"，是同等重要的。表达的尽头是沟通。

4. 对孩子们而言，让写作回到像呼吸、像生命本身一样的事，是多么惊喜！这一章，洗刷旧有认知和刻板印象，是师生重要的写作心理建设。

第三章
你有讲故事的本能
——如何理解叙事机制

第三章 你有讲故事的本能——如何理解叙事机制

这本书的主体内容是教授创造性的叙事类写作。它涵盖和跨越了从记叙文到小说、叙事类散文/诗歌、回忆录、童话和历史故事、科普文章、口述史等题材类型。叙事作为术语，它的核心就是关于"故事"和对故事的讲述的。在我们的课程里，这是最迷人也最危险、最耗费师生心力血泪的重头戏。

你当然知道故事是关于谁在什么时间、什么地方发生了什么样的事情。就此我们可以把故事（以及对故事的讲述）理解为一趟活生生铺展在眼前的旅程（提示：故事是时间艺术，是对生活的比喻）。然而当你揣着自己的 OC 世界观野心勃勃，或者凭着对人物嬉笑怒骂的遥想进入讲述，却往往发现开了头不知如何接续、想不出结尾或者终于完工不过难逃流水账的命运。真让人沮丧！

为什么你拥有作为人类对故事的讲述本能、有着敏锐的观察力和细腻文笔或是奇幻想象，这些却都不足以让你写出一个像样的故事？我长期和学生们摸爬滚打，发现了其中的秘密。

尽管在我们心中故事的世界是活的，却很少有人懂得它需要一个生命力的源头。它需要，一股从头推动到尾的动力。这种动力原本人人都有，那就是我们与生俱来的好奇心与探索欲——每一次头脑风暴、对情节的编织和讲述，都是写作者对自己所生活的世界发问、寻找答案的旅程。沿途的风景从来不只是为了美而美，一趟有价值的旅程必然是由问号引发，有如川上行舟一浪高过一浪，最后以句号、叹号、省略号结尾。

还记得前一章中我们对身边的物质世界和自我精神世界的观察体验吗？徜徉其中，它们像一面面镜子，折射出我们心底对大千世界更深层次的探求欲（是的，耽于感官享受的心，是不完整的）。将碎片式、笔记式写作积攒起来，在一次完整创作中，可以把问题归拢，让具体的观察和感受上升为抽象的思辨，乃至得出阶段性的思考成果。

而如果一个人写作的目的是为了他人，好比，他很少体会"为自己而活"的滋味；那么他就不会把写作当作独立思考的工具，也就很难理解所谓故事六要素，在叙事过程中是如何有机地整合在一起发挥作用。

当然，这个人依然可以机械地记住"故事讲述需要在开端制造悬念，矛盾冲突是最大程度展示人物如何迎接悬念带来的挑战，结尾是对悬念结果的揭示"。但故事这一人类谙熟千年的信息传递机制如此富有"人味"，若非你主动出击，把自己对生活的提问作为捻点燃，助推一路上情节的发展，你将无法体味到其中感性与理性、自我与外界、主观与客观的交织，以及相互融合。

叙事的起因或许是被拨动了心弦，说走就走。不过当你成功抵达彼岸并且回望，这场旅程一幕幕的背后，一定潜藏着目标与方向。为着这不可明示而必须用心寻找的目标与方向，写作者和他的主人公不能踯躅于故事的开端，耽搁于幻想与独自的絮絮叨叨。作为故事的启动者，你必须朝着空白纸页迈出一步又一步，让主人公行动起来，让你自己和他一起，迎接前方未知的挑战。

第一节　人物

创作时，有人从人物出发去构想，也有人从情节出发去构想。这无可厚非。这世界上有的人更敏感于人性，有的人更敏感于事件之间的逻辑关系、一件事的起因和结果之间的必然性或者偶然性。就我来说，我总是从"人物"开始带领学生进入叙事学习。当然了，我有我的立场——对于青少年来说，任何教育都是为了健全人格的养成。从领悟人性进入叙事，更有助于学生作为人的成长。不过与此同时，我个人一直感觉从认识一个人物，到走进他的世界，被搅入他生命深处的纠葛……这是多么迷人。它就像真实的生活一样。

由构想人物进入创作，哪怕你是教室角落无人搭理的小透明，你会为自己揣着世上另外一个人的秘密感到骄傲。身边的人们于你只是擦肩而过，甚至父母很多时候也不知道你心中冷暖。但是你掌控着另外一个人的整个世界。不。有的时候他不让你掌控。但这难道不更迷人了？并且至少你可以和他平行一段旅程，他每个瞬间的心思也在你眼皮下展露无遗。哪怕作品收尾之后，你俩渐行渐远……你把在现实中无处安放的莫名热情投入其中，还有种种复杂的感情。你不再寂寞。

不过，把他捧在手心也不等于能写出他的故事。这一节里几个任务都要求作者在有限篇幅内展示主人公的特质。这对青少年写手着实构成了挑战。首先，爱一个人不等于理解他。你要写出有深度的"命运既视感"，就得洞悉他的内心，里里外外掌握一手信息。其次，你需要具备一种能力，即找出他人生中的要害时刻。你要围绕着这类情境做文章。进一步，我会反复提醒你：请不要让你的人物坐在那里不动，神经质地念叨。单纯的对话和心理描写没法支撑和推进情节。只有让人物面临挑战并且采取行动，才能随着事态的变化揭示出他心底的一些什么。

从这里开始，你就在学习叙事中的人物典型特征和典型情节。毕竟，只是写写散淡日常，对写手的挑战更大。弄不好你就写成一盘散沙了。

任务 14：陌生人的故事

初学写作的人，一般会认为陌生人难写（其实不一定。不信咱们到下一章回忆录那里比较一下）。那么，就从这里开始吧。这次的任务是做个福尔摩斯，在公共场所"捕捉"一个陌生人。以他为原型构想一个人物，并围绕这个主人公的性格特质写作小故事。

能够为自己虚构的陌生人书写命运，你会成就感满满。

请在公共场合观察一位陌生人。

嗯……这世界人来人往，我该观察谁呢？

哪一位都可以。无论性别、年龄、看上去脾气如何、有着什么样的发型、开着什么价位的车子……关键在于——你要找那个你真正感兴趣的人去观察。可以的话在某个地方游荡几天，找你在擦肩而过时想要回头看第二眼，甚至想要跟着他一直走下去的那个人吧。

我的经验是，在人群中找一位自己感受到"被吸引"的人（后续你绝不会嫌为他的人生境遇煞费苦心浪费了时间）并不那么容易。一旦你确认了这么一位，背后往往有着某种道理。当然，此刻你不必深究。因为你还要抓紧时间观察。

笼统打量，冬天地铁车厢里挨挨挤挤大都是深色羽绒服，夜市一眼望过去很多对小情侣……但在你专注凝视下，每个人的与众不同不难被发现。

也许她是长发蓬乱如草、面色苍白清瘦的小姐姐，一下子跳上拥挤不堪的早班公交车。在昏昏欲睡的人堆里，她扬起下巴插兜凝望车窗外的样子，让你觉得她望向的是大海。

也许他是幼儿园门外站着的那个小胖子。他梳着乖顺的盖碗发型，但无论周围的孩子们怎么尖声威胁甚至向他扬沙子，他始终不松开自己攥紧的右手。你只跟他有过一次眼神交流，但看见了那双单眼皮长眼睛里的温良、忍让。

也许她是咖啡屋里一个人占据了大圆桌的阿姨。她在等人？嗑个瓜子也顾盼生姿，油亮的卷发显然是新烫的，身上花团锦簇的大长裙沙沙作响。有小肚腩和"蝴蝶袖"的"50＋"阿姨啊，在等谁？

....

芸芸众生，谁没有故事？！你打量得越专注越入迷，越容易进入另一个人类个体无声敞开的世界。他身上的馊味，她锁骨上的文身图案，她神经质嗒嗒响的食指，他拘谨的上衣口袋……你最好不要专门找那些特殊人物，比如残疾人、外国人、过街天桥上的流浪汉。因为这样你很容易流于生活表面。就是普通人，去找出他/她不那么普通的一面，足矣。

最短 15 分钟的观察，希望这是一个开端，让你近距离感受"人"的魅力。随后，请记牢陌生人带给你的视觉、听觉、嗅觉等感官及非感官印象，你可以着手填写关于陌生人的调查问卷。

关于陌生人的调查问卷

1. 他/她的床。（价位？样式和风格？床品是否整洁？……）
2. 他/她的冰箱。（拥有私人冰箱吗？打开冰箱门会看到什么东西？大闸蟹、起泡酒、眼药水还是剩饺子？……）
3. 每天入睡前最后一件事。（给某人一个晚安吻？上3个间隔5分钟的闹钟？到大门外给流浪猫放上水和饭？……）他/她睡眠充足吗？
4. 中学毕业于哪里？
5. 喜欢的书、电视节目或者感兴趣的思维领域、喜欢听人们谈论的话题。（综艺？财经板块？从不看书？……）
6. 怎么跟妈妈说话？（头搭在妈妈肩上？很久不打电话了？……）
7. 最好的朋友。
8. 他/她的包。（价位？是什么牌子的？外观如何？打开以后，里面都会有什么东西？）
9. 失眠时会做什么？
10. 他/她最害怕什么？
11. 有过什么噩梦吗？
12. 你见到他/她时，他/她正要去哪里？

13. 在解决问题的时候，依靠的是本能、逻辑思考还是情绪？
14. 最难忘的事情。
15. 周日（休息日）下午他/她通常在哪里度过？
16. 身体特征。
17. 身体语言（表情/手势）的特征。
18. 喜欢（讨厌）的食物。
19. 最强技能是什么？是在哪儿学的？跟谁学的？
20. 和人发生冲突的方式是怎样的？
21. 最失败的经历是什么？自己能够承认吗？
22. 通常被周围的人认为是怎样的（有没有"标签"?）
23. 如果必须赴死，什么（人）是他/她没有办法割舍的？
24. 少年时的座右铭是什么？成年后还相信它吗？
25. 近几年能记住的快乐时光是什么？
26. 痛苦时会怎么办？
27. 生命中最大的挑战是什么？怎么度过？
28. 最后，他/她的名字和出生日期。

你可以把这份问卷设计得更长……

创作前的头脑风暴

1. 请给出他/她性格的一个核心特质。
2. 请围绕这个核心特质，构建情节。

例如：他/她正在哪里，面临着什么样的挑战？他/她应对得如何？

在填写这份调查问卷时，你已经和街头擦肩而过的陌生人在心底 say goodbye 了。那你凭什么去猜想她的床单图案、他童年好友的小名？就凭你自己在生活中的经验。

问卷的主人公，已经不再完完全全是那位陌生人。他/她脱胎于他/她。但在对他/她性格、生活经历的联想里，融合了你对人性的理解。"大胆假设，小心求证"，写作与做科学实验是一个道理。也许这个陌生人跟朋友说话时的口吻让你想起了你那位放弃了一本大学的学位、跟对象去"长三角"做生意的表哥；也许她跷二郎腿玩"贪吃蛇"的样子让你想起了你家楼下的保安，可这个"她"是位看上去二十出头就带了两个小孩的红发女郎。

难免，我们会不由自主带着自己过往的经验去揣测他人。反过来，在写作中，过往的经验是资源。调查问卷所推动的头脑风暴，就在帮你把感受和分析有效结合，从已知（观察、经验积累）中诞生未知（想象）。

随着问题的推进，希望你能感受到，一个比现实中的观察对象更贴近你内心的人物逐渐从纸面上站起来。你对他/她越来越有感觉，对创作开始有底气。这时你需要注意：虽然林林总总的问题帮助你勾勒他/她的生活，从童年的家庭关系到求学、就业，从对水果的口味到睡觉习惯、结婚日期，但在深入了解他/她的同时，你需要抓住他/她生命中比较核心的问题。

虽然表面上看，那是关于一个孤僻的人怎么在成人会计夜校交到十年来的第一个朋友，或者一个为子女带孩子的阿婆如何离开大城市只身返回故乡，但背后，它们都是关于一个人的性格特质、内心欲求如何与自己和周围环境相撞击的。在这种撞击中，我们得以瞥见某个人的一点底牌，以及关于人性的一些真相。

你的写作目标，取决于这个人身上你最在意的那个点是什么。

你的写作内容，取决于围绕这个点，你能否找到最有利于展示它的情节。

一个人的性格就像手中擎着的宝石，在灯光下稍微一转，就可能展示出不同的闪光和暗面。但你要清楚，在这仅有一次的创作机会里，你要抓住什么。

围绕这个"什么"，也一定可以写出很多件事。你要选择，写哪件或者哪几件，算是把这个人的特质写出来了。

创意写作课上小伙伴的习作

海葬

调查问卷

1. 床。

杨奶奶住在城里，睡床垫比较硬的木板单人床。自从老伴去世之后，她就让女儿帮她把之前的天鹅绒双人床换成了木板单人床——杨奶奶说她不想睡那个软绵绵的"棉花糖"，但其实是会睹物思人，再也躺不得双人床。屋里空出来的地方添置了一个木制的床头柜，有一个暖色小台灯，晚间睡觉前杨奶奶会看几页书再关灯。

2. 冰箱。

和子女同居之后，冰箱都用超大电冰箱。保姆有时候会帮忙把清晨菜市场最新鲜的菜买回来放在冰箱里，但杨奶奶也会偶尔去采购。冰箱是可以制冰的款式，把杯子抵在出冰口，稀里哗啦就会有冰块往下掉。冰箱里塞不满（太大了），有小孙子的奶酪棒和德国进口牛奶，家里前两天吃剩下的半条鱼，几枚新鲜鸡蛋，还有杨奶奶最爱吃的酥油糕。

3. 每天入睡前最后一件事。睡眠充足吗？

跟全家人说晚安，记日记，坐在床头看书，关灯。

晚上十点半之前准时入睡，第二天早上五点半起来梳妆。

4. 中学毕业于哪里？

北京四中。小学是胡同里的小学，后来考到了四中。大学在清华学精密仪器，后来出国读哲学了。她还记得出国当天，家里亲戚宰了只羊给她送行。

5. 喜欢的书、电视节目，或者感兴趣的思维领域、喜欢听人们谈论的话题。

喜欢看日剧和各类文艺电影，有时候会陪着家人去看院线热映片，但她还是更喜欢看一些老电影。在国外读大学的时候迷上了那里的文学，到现在床头还放着不少。但喜欢读的古典文学却是唐宋诗词。

6. 怎么跟妈妈说话？

在杨奶奶记忆里，她很早就开始管妈妈叫"妈"了，甚至是在她妈妈还不能理解的时候。反而是近几年扫墓的时候又开始叫回"妈妈"了，杨奶奶觉得这是"老年痴呆"的前兆。

7. 最好的朋友。

目前是胡同里某家二手书店的老板二曼，是个三十多岁的小伙子，杨奶奶觉得忘年交也不错，和二曼聊天使杨奶奶"不知老之将至"。

杨奶奶这辈子最好的闺蜜前两年因为冠心病离世了。

8. 包。

常背着一个装满纸巾的小双肩包,是暗红色的。和她衣服很搭。

9. 失眠时会做什么?

数羊。(妈妈教的)

10. 她最害怕什么?

过马路去菜市场的时候被车撞死。北京的很多小路都没有正常的斑马线和红绿灯,她不明白为什么。

11. 有过什么噩梦吗?

梦到自己接小孙子,把小孙子搞丢了。直接吓出冷汗,等完全醒过来的时候发现手机已经输好110的号码了。

12. 你见到她时,她正要去哪里?

杨奶奶似乎在等人,她哪都不去。等接到小孙子,她就回家。

13. 在解决问题的时候,依靠的是本能、逻辑思考还是情绪?

因为大学本科学的是精密仪器,关于物理这套理论学得透透彻彻,大学四年教会她逻辑思考的习惯,她用了一辈子。

深感鸡肋,所以最近杨奶奶在练习依靠本能行事。

14. 最难忘的事情。

二十岁的时候在火车车厢顶部遇到平日里教她哲学的男老师在参与田野调查,最后男老师成了她的丈夫。

15. 周日(休息日)下午她通常在哪里度过?

在她最喜欢的二手书店对面的咖啡馆里喝茶晒太阳。

16. 身体特征。

身材娇小,穿米白色毛衣,头发是齐耳短卷发,到现在已经是银白色的了。体态笔直，不驼背。

17. 身体语言（表情/手势）的特征。

很警觉，四处观望，对待陌生人好像很冷漠，对待服务员一类的人却非常亲切。

18. 喜欢（讨厌）的食物。

悄悄告诉你——杨奶奶喜欢吃麦当劳的甜筒。她总觉得麦当劳的要比肯德基的更好吃一些，没有理由。杨奶奶见证了麦当劳甜品的慢慢涨价。

当然她也喜欢吃酥油糕，老北京的酥油糕。

19. 父母的价值观？家族有什么信仰或者忌讳吗？

理科比文科重要太多的家庭，父母都是工程师出身，认为没有什么比学好数理化更加重要。

20. 最失败的经历是什么？自己能够承认吗？

没有上北大，上了清华。原因是父母自作主张让她去学了清华的工科，而她真正想去的是北大中文系。她倾向于在接下来的人生里仅仅写学历而不写拿了哪个专业的学位证书。

21. 通常被周围的人认为是怎样的？（有没有"标签"？）

"挑剔的"杨奶奶那份鱼羹里不能有一根鱼刺，否则是会被退回去重做的。

22. 会在什么时候完全放下戒备？

躺在柔软的大床上的时候。

23. 如果必须赴死，什么（人）是她没有办法割舍的？

早上的一口酥油糕。

修改和分享

和你我一样,每部作品自有其命运。

不用强求完美,也不要轻易放弃。

他人的评价如果不能给你以切实帮助,不听也罢。

技巧

切换人称/视角、倒叙/插叙、独特的意象……创作中,没有什么技巧不能尝试。

原则:要为了表达心意而使用技巧,不要为技巧而技巧。

信心

你未必是所有人里写得最好的那个,但这篇作品源于你的内心,只有你能完成它。

不需要拥有百分百的信心。但要做,就凭着诚意和勇气做完它。信心来自多实践。

↘ 头脑风暴

无论你想写什么、怎么写，左不过要问自己这些问题：

你的主人公拥有什么性格、身世？

TA在剧情中的主要行事动机是什么？

是什么事件让TA深深卷入其中，让我们一窥TA内心的"底牌"？

下

创作·修改

关于那些让你欲罢不能的话题——学着在头脑风暴中搭建剧情、学着写完它。实践的过程最珍贵。

那个让你爱得痴狂的小说/电影里的人物，到底是怎样的家伙？屏息，再一次进入 TA 的世界吧。写 TA 的前传或者番外。重要的是：把 TA 放到某种困境中去，并站在 TA 的鞋子里去思考。

面对选择时的犹豫和迟疑，往往因为心里有不止一种声音在打架。干脆把它们写下来吧，那个最近或长久的困扰——或许它是名为"生活"的硬币的两面？

持续地写,不管会不会"跑题",不管字数和别人的观点。这本身就是件甜美的事!

今秋你邂逅的第一片落叶是在哪儿？什么情形？

今晨你咬下的第一口早饭味道如何？

记忆中的第一个玩具、第一道伤疤……各是怎么回事？

25岁时,你会在哪里、做什么?

35岁呢?

55岁?

什么样的画面一直在你脑海里萦绕？还有声音、气味和氛围……

不知道怎么结尾，就姑且先写到这里吧。如何开头和结尾，都需要从实践中慢慢领悟。搞不明白时，写出想写的话，就去睡觉。

幻想中和你形影不离的朋友,有着和你不同的发色和性格。TA 像一面镜子,映出你的样子。

如果注定无法面对面交流,你要不要尝试写信给 TA?

不要回头看。不管刚才写了什么,你现在的目标是继续写下去,直至无话可说。

此刻。

就是此刻。

你在哪儿？你在想什么？你是谁？

等红绿灯时指尖触碰的那朵花、从地铁站徒步回家的雨夜……记录物候和天气，酝酿自己的心绪。

从小就爱吃的食物，简直有魔力吧！与它有关的那些记忆，说起来让人历历在目。

从脑海中的第一个念头写起,尽量选择你认为恰当的语气和讲述方式。第一个句子会把你引向第二个句子。

昨晚你梦到什么了?如果甩甩头却没法忘掉,干脆把它记下来吧!

上

捕捉 · 记录

捕鼠夹、蜘蛛网……要想拥有属于你的内心小剧场,不妨先随身揣个灵感捕捉器。

使用说明：

（1）　这个册子专为你记录灵感而备。你可以用每页看到的文字为引导词/提示语，或选择全部忽略它们。

（2）　还记得第五章开始部分的"头脑风暴素材库"吗？当你想要尝试随机抽题目创作时，可以用本册上自己文字所到之处的页码（或者任意指定两个页码加和）为"二、话题/情境"下属于你的当日份限定题号。

灵感捕捉器

24. 做过什么自认为对不起他人的事情吗？最大的后悔是什么？

出国后跟父母断绝关系，是杨奶奶最难过的一件事也是最大的悔恨，悔恨因为执拗没能见到父亲最后一面。

25. 痛苦时会怎么办？

吃甜品。

26. 喜欢一个人待着还是凑热闹？

年轻的时候喜欢往人多的地方凑，后来见的世面多了，拥有了独处的能力，更喜欢一个人待着。

27. 有什么个人的小癖好？

喜欢比对自己不同阶段的梦境和字体，然后对自己形成一种油然的自豪感。

28. 最后，她的名字和出生日期。

杨广丽是在 1951 年 11 月 1 号出生的。

正文

她曾说，如果我比你先死，你要等我。等你也死的那天，我们一起去海葬。

但她从没想到过也许他会比她先走一步。

追悼会当天恰逢北京暮冬的最后一场雪。灰白色的殡仪馆被白雪覆盖，来参加葬礼的黑色礼服和西装很突兀，像白天鹅群里的黑天鹅。杨广丽穿一袭黑色长裙，胸前别一支白色纸花。长裙上还残留着上次穿的时候喷的木香香水。她身子挺得板直，抱着一束蓝纸包装的菊花，表情木然。殡仪馆没什么人，除了这一场的宾客以外再没有别家。"这种地方还是人少些好。"她暗暗想。往日里这些话她无须暗暗想,而今能听她说话的人正躺在身后大堂左拐的太平间里呢。

男孩的妈妈去办手续确认遗体告别的细节了,男孩向她跑来,手里攥着熟食塑料袋,里面装着老北京的炸油糕。外孙把炸油糕递给杨广丽,她打开塑料袋,闻到炸物的糕点香,才意识到自己已经一天一夜没进食了。

"外婆,外公'走'了是什么意思?他以后不会再鸡腿剔骨给我吃了吗?他去哪里玩了,为什么不带上我?他还回来吗?"

"外公的灵魂去了很远的地方,身体变成冰雕。等春天他就会融化或升华,凝结成雨水浇灌世界。"

"那外公现在会很冷吧,比我都冷。"

她一时间竟不知道究竟是停尸房里的他更冰凉,还是她。

杨广丽至今都想不清当时艾老师的哪一点吸引了她,可能是课堂外独有的意气风发,也可能是爬火车时不怕死的样子。他问她要不要跟他下车,她头脑一热,也稀里糊涂地答应了。几个月后,他们领了结婚证。结婚之后的第一件事,艾老师带着她回老家,那是个海滨城市。那是杨广丽第一次看海,她好喜欢海。每天傍晚去海岸散步,常能看到远处的海面上浮着各色菊花瓣。

"那是撒海撒的花,"艾老师说,"没钱买好墓地的,也不肯埋在贱一点的土里被水泡着,都兴海撒。"

后来杨广丽才知道,所谓海撒,就是把逝者的骨灰撒进海里,也就是海葬。她明白"尘归尘,土归土"的道理,一恍惚。固然安葬没墓碑,祭奠没纸钱,但这很浪漫。

那时候总以为自己离死亡很远很远，但几年后的流感差点要了她的命。每次在鬼门关晃悠的时候，她总是紧紧攥着艾老师的手，说："别让我先去海葬，我等你一块去。"即使痊愈后，她也时不时提起这句话，以至于后来变成了家里稀松平常的对话。家里其他人总笑她痴，但艾老师每次听到都会笑着应两句："从唯物的角度来说，人的一生从无到有，再从有归于无。但如果从唯心的角度看，去世的人们都在对岸，留不住身体，不如到海里去。"

杨广丽早早抱着一束黄菊进了举行告别仪式的大厅，大厅正中间被鲜花环绕着的，是一个带玻璃罩的棺材。现在里面还是空空如也，空有鲜花环绕。她发觉自己的心好像也和这个玻璃罩子一样，被抽掉了些什么。

随着宾客陆续到齐，她突然有些慌了，这是她近几天来第一次慌。她突然怕见到他的躯体，是冰冷的，不会对她有任何回应的死物。她回想起人们说的"生死两相隔"，但这仍是她不得不经受的一程。

"艾光先生遗体告别仪式，现在开始。"

司仪的声音沉稳而安宁，和主持婚礼的司仪有着截然不同的气质。话音未落，隔壁通向太平间的门打开了。遗体被推了进来，身上套着从隔壁街买来的寿衣。寿衣是她亲自挑的，很衬他。在两天的冰冻处理下，他的面庞发白，皮肤僵硬，她感受到了隔阂。在遗体完全放进玻璃罩前，她走上前，抚摸他的脸庞。手指间的触感令她恐慌，像是在抚摸一团橡胶。而遗体没有一点反应，她张嘴，想说些什么，但发不出半点声响。亲友们在悲痛之余惊讶地发现，从爱人离开到今天没掉过一滴泪的杨广丽，正在啜泣。

死亡究竟是什么？她曾经以为死亡是瞬间永恒的，她以为死亡是脱离痛苦的秘方。但她看到艾老师的遗体后，心里一揪。她左手虎口抽痛，心里涌来一阵绞痛，久久不能平复。"死亡"似乎突然变成了一个很具象化的事情，看着玻璃罩那头毫无生命特征的躯体，一周前同样的躯体还和她躺在床上数羊呢！这怎么会是他，一时间这个容貌看起来好陌生，几度让她落泪。这是她曾经共处几十年的人吗？可他就躺在玻璃罩后面。

她断断续续念完了准备好的悼文，将怀里的菊花揉碎，洒在爱人身上。她不敢看他的脸，太熟悉了，但她从未想象过这个画面——她在人间，他在彼岸。心里的落差感逐渐转化为对死亡的恐惧，她几乎愤怒地踩躏那束菊花。一面想缓解虎口的痛，一面希望这个梦赶紧消失。她揉开花瓣的力量更大了，心还在痛。

花瓣撒完了，人没回来。这人去哪了？他是否还存在？他还会疼吗？杨广丽心里没底，她想起哈姆雷特对死亡的描述：The undiscovered country from whose bourn no traveler returns.

原来这才是死亡。

一鞠躬——二鞠躬——三鞠躬——

随后是火化。

走出殡仪馆的时候，她怀里的菊花不见了，取而代之的是一盒细沙。脸上有没擦干的泪痕。然而太阳已经升起，阳光出来了。雪在逐渐融化，空气中变得湿润起来。她想起海边的空气,也差不多是一样的潮湿。在阳光下闪闪发光的积水,像大海的粼粼波光。

杨广丽想海了。在殡仪馆一番咨询下,她发现北京人若是想海葬只能去天津塘沽。几家子集体行动,甚至还要排队。这令她尤为想念年轻时的滨海小城,因此纵是儿女们已经将艾老师的骨灰在墓园安置妥当,她还是忘不了那片海。

于是她回去了,小城基本没变模样,虽然随着经济发展更加繁华,杨广丽依然记得从哪个街角的何处拐弯能通向大海。她很难说这片海到底有什么不同,但与当年给她的感觉是不一样了。她看着海平线上的太阳缓缓滑落,思考自己寿终正寝后坠入大海是何种感觉。那时自己已经是一团粉末了,还会有主观意识吗?她经常在沙滩上一坐一下午,想这些没有来头也没正解的事情。平日里她喜欢跟街坊谈天,他们大多是像她一样的老人。在交谈中,她逐渐感觉到"死亡"这件事本身在变得逐渐没那么令人恐惧,而是温暖的另一种展现。

在离开前最后一天,她决定早起去看海上日出。清晨海风略有些冷,空气中飘浮着碎光,在一片暗淡中,朝阳从东边徐徐而升,好似万物复苏。她为此刻感到自豪,甚至有点想哭。她想起那个关于撒海的约定,好似比起花几万几十万买个所谓"入土为安",成为风、成为雨、成为一粒尘土、成为一束花,回归自然,更像是死亡能带给人的安宁。她想到这里时,阳光正好够到她的脚趾尖。

她会在未来的某天在她的日记本里写道:"我现在敢去墓园了,不会再哭了,也敢开口和他讲家里的事情了。我会跟他说园里的梅花又开了,城里又下了今年的最后一场雪,春天马上要来了。"

——2023届 没头羊

初稿作者阐述

不习惯于写作,于是会从身边入手找素材。标题是几年前在殡仪馆听到的,青岛有海葬服务,爷爷喃喃说要等自己去世后跟奶奶的骨灰一起海葬,青岛是个好地方。这句话我记了很久,是第一次听爷爷直接谈起自我的死亡。那天听韧说"街上看似普通的人可能今天参加了一场婚礼或葬礼",葬礼就在我脑子里留住了。"奶奶"这个词和"葬礼"对我来说是紧密连接的,自从奶奶去世,我再也听不得、看不得关于老太太的一切。因为奶奶身体比爷爷好,也更年轻,家里人总觉得爷爷会先离开奶奶。但因为突发情况奶奶在新冠疫情开始前突然离开了我们,谁都没做好心理准备。于是我会好奇一个老妇人去参加自己爱人的葬礼是什么样的(但不是我奶奶,而是我观察到、构想到的那个)。在文章里"她"全部指杨奶奶,"他"指杨奶奶去世的爱人。还是写得太浅了,结尾没有写,觉得是前面某几个逻辑环节出问题了,写不下去。索性等终稿的时候填补上,进行一个点睛。

后续会希望填充:他和她年轻的时候,为什么会提到海葬,为什么是圣诞节,葬礼和葬礼之后。目前只想到这些,欢迎大家来提意见(比如爷爷的去世好像有点拖沓,没必要等到除夕)。

二稿作者阐述

救救我,我要溺水而亡了,深深陷入创作焦虑和恐惧中无法自拔。

以及给人物小小改了个名。先前她叫杨国丽,一些符合那个时代的名字。这次小小一改,改成了杨广丽。乍一听也挺土的,但谐音"阳光里"。是的,谐音也很土。死去的老伴也给起了个名字,姓艾,叫艾光,谐音"爱光"。

这次写作体验极差,是我自己的问题,因为摸不清人物特质而痛苦着,引发了好些事情。不过好在没有逃避问题,尽力写了些东西出来。就算是烂的,也是我没有逃避的产物。还有一个好处是,在磨来磨去的过程中,比之前更清楚一点点自己想要啥了。

三稿作者阐述

你如何叫一个正在恋爱的花季少女写一场暮年的葬礼?这实在是自己为难自己。终稿改得还算顺利,因为这大抵不是最完美的,不过却是在磨来磨去的过程中最终成形的作品。虽然不完美,但我依然爱她。

任务 15:同人文创作

同人文意味着对原创文本(无论影视剧、小说还是游戏)里的人物进行二度创作。在二度创作中,你需要基于原创的人物特质,为他/她增添你自己的理解。

老"二次元"们说起同人文就眼睛发亮。难怪!为自己喜的反派鸣不平，借童年身世探讨他/她人性恶的源泉，或者发展一段主角和原剧中某个配角的隐秘爱情……我的学生 Ealóte 甚至让陀思妥耶夫斯基两部作品中的人物在街头相遇，产生交集。不管原著是四大名著还是热门番剧，捕捉蛛丝马迹大开"脑洞"，写出你自己对某个人物的独特看法，这正是人物写作中最迷人的地方。

没有自己的理解，也就不需要跃跃欲试了。不过，写同人文这件事的底线是——不能 OOC（out of character）。也就是说，江山易改本性难移。如果你写得让人根本看不出是那个人，或者你的理解让人匪夷所思，这就是创作的失败。

再强调一下那八个字：大胆假设，小心求证。

所谓自己的理解，需要基于你对原著的深入阅读。越熟悉越好。你的理解要有例可据，有理可依。

而同人文因为其背景（可能）具有非现实性，以及对作者的挑战和人物观察不太一样，有着独立的人物调查问卷。

同人文人物调查问卷

［包含身世、家庭关系、成长经历、思维方式（思维特质）、最在意什么、忌讳什么、生命中最大的挑战是什么］

1. 姓名，出生日期，星座，姓名的由来。
2. 身世。（出身什么家族，社会阶层，童年时的家庭状况）
3. 和父母兄弟姐妹的关系如何？和他们中的谁关系比较好/不好？具体表现为什么样的相处模式？
4. 小时身心状态如何？生过大病吗？
5. （现代社会）中学毕业于哪里？最高学历是什么？
（其他社会）独特技能从哪里获得？师从于什么样的人？

有什么独特的求师学艺经历？

6. （现代社会）喜欢的书、电视节目。

（其他社会）长于从人群中还是阅读中或从其他地方获得信息？

7. 长于独处还是与人沟通？长于什么样的工种或长于同什么事物打交道？（现在从事了什么样的工种）

8. 在解决问题的时候，依靠的是本能、逻辑思考还是情绪？

9. 他/她最害怕什么？有过什么噩梦吗？

10. 失眠时会做什么？

11. 一生中主要的挫折是什么？这如何影响了他/她的后续身心状态和命运走势？

12. 一生中最难忘的事是什么？

13. 如果缺了谁或者什么，他/她会简直活不下去？

14. 曾经的梦想是什么？后来呢？（梦想破灭了还是被实现了）

15. 最好的朋友。（有吗？有几位？是什么样的人物？）

16. 身体特征。

17. 身体语言（表情/手势）的特征。

18. 喜欢/讨厌的食物。

19. 居住于什么样的环境？居所的特征。

20. 每天入睡前做的最后一件事。

创作前的头脑风暴

1. 在原著中，他是谁？他怎么了？（经历了什么，选择了什么）

2. 你最在意他的什么？

3. 其中，哪些原著里有；哪些是原著没有，但你觉得有。

4. 针对后者，在这次习作里你打算发展他/她的哪一部分？（性格、身世、命运与他人的关系）

5. 请给出一个核心情节。（这次习作的大纲）

（例如：他/她正在哪里，面临着什么样的挑战？他/她应对得如何？）

创意写作课上小伙伴的习作

错误的选择？[①]

调查问卷

1. 床。

比较标准的双人床，平平无奇的典雅的白色床品，正如20世纪60年代的任何中产阶级家庭一样。

2. 冰箱。

双开门冰箱，（整个厨房）由他的妻子海伦和女仆布丽姬负责，里面是蔬菜水果和肉蛋奶，分类清晰，干净整齐。

3. 每天入睡前做的最后一件事。他的睡眠充足吗？

从前，他躺在床上思考白天的功过得失，计划未来几天。他睡得不多，也就五个小时，但对精力充沛的他来说足够了。不过自从他得到前元首的电影收藏（来自平行世界），他便沉湎

[①] 我选的这篇同人文诞生较早，当时课程里使用的还是陌生人那版调查问卷。好在，这并没有妨碍作者庞贝古城理解她的人物。

于睡前看电影,常常熬到很晚。海伦甚至对他说,"睡眠不足导致焦虑"。

4. 中学毕业于哪里?

纽约市一所普通公立中学。其实他高中毕业时,成绩足够上纽约大学,但迫于经济条件,他甚至没去申请。

5. 喜欢的书、电视节目,或者感兴趣的思维领域,喜欢听人们谈论的话题。

相对喜欢读历史类图书,不过总体来说不太读书,只是读报纸上的新闻。年轻的时候喜欢跟人讨论政治,后来便对人们讨论什么不感兴趣了。

6. 怎么跟妈妈说话?

他的妈妈已经去世了。过去,他对妈妈既礼貌又温柔,是个传统的好儿子。

7. 最好的朋友。

他做不了比较,在军队里认识的战友都令他难以割舍,不论是美国通信兵团的比尔、丹尼尔,还是国家卫队的鲁道夫。

8. 包。

一个黑色公文包,装着政府的机密文件。一个很大的户外棕色布包,周末家庭旅行用,不过近来很少用到了。还有不提也罢的,如以前的行军背囊以及航海装备包,现在被他仔细地收藏起来。

9. 失眠时会做什么?

只是思考。

10. 他最害怕什么？

托马斯死后，他害怕失去更多，尤其是家庭——贤淑的妻子、可爱的两个小女儿，他们都爱着他。

11. 有过什么噩梦吗？

梦到和托马斯去钓鱼，他一抖钓竿，突然间托马斯消失了，河里浮现出数不尽的遭到屠杀的人的尸体。他回过头，却撞见丹尼尔穿着条纹囚服跑过来，大喊"约翰，救我！"……

12. 你见到他时，他正要去哪里？

他正在专列上，从波科诺山回家。这趟差事有些猝不及防，家里的事还没解决呢。

13. 在解决问题的时候，依靠的是本能、逻辑思考还是情绪？

依靠逻辑思考和本能（他的本能也许就在于逻辑思考），以至于对感情的处理极为失败。

14. 最难忘的事情。

有好几件。1940年，他违规直接把军车开到了父母家门口，可是仍然没能见到埃德蒙的最后一面。1946年，托马斯出生，收音机里播报员说"美国有条件投降"，他和比尔接受了新的旗帜，分别加入国家卫队和陆军，但是丹尼尔由于种族原因，只好逃跑。1947年，在辛辛那提的河港，他参与了大屠杀，到处都是血和尸体，这令他抛弃了对帆船运动的爱好。1950年，他偶然发现丹尼尔被抓住了，而且还向他求救，但他转身走了。最近发生的事情更是刻骨铭心，可是太近了，又何谈"忘"？

15. 周日（休息日）下午他通常在哪里度过？

周日下午被他固定作为家庭活动时间，也许全家人出去郊游，直到他身居高位越来越如履薄冰，托马斯也死去了。

16. 身体特征。

中等身材，黑头发黑眼睛，浓眉大眼，身体非常健康甚至强壮。

17. 身体语言（表情/手势）的特征。

经常皱眉，从来不会开怀大笑，在外时刻保持严肃和庄重。跟人说话的时候，会强势地盯着对方的眼睛，他的目光永远炯炯有神，似乎试图看破一切。

18. 喜欢（讨厌）的食物。

他食欲甚佳，没什么东西是他不喜欢吃的。也许是因为，即使是高级军官，在阵前也不能挑剔伙食。

19. 最后，他的名字和出生日期。

约翰·史密斯，1914年10月29日。

正文

约翰透过专列的窗户眺望远方的群山。近来，他越来越着迷于欣赏暮色。紫色看上去似乎过于诡谲了，不像是除了观赏用花草以外的自然界应当具有的颜色，可是最远的山真是淡紫色的。他觉得这个世界也是这样，他不喜欢自己理解不了的事情。

上午，在波科诺山，他见到了新世界项目的新进展，一个小女孩被传输到了另一个平行世界去。元首很满意，也因为在不久前的中立区之旅中，约翰成功逮捕了所谓高堡奇人霍桑·阿本森，顺便跟日本人谈妥了石油协定。但更主要的是，元首想要通过这个通道征服世上存在过、正在存在着和将要存在的一切。约翰心里犯嘀咕，毕竟谁也不知道别的世界发展到什么水平，不过他缄口不言，暗暗希望能够让这个暴君多保存几天他的好心情。元首不知道，当约翰站在那充满未知的隧道面前，当他凝视着洞穴的最深处而一步步向里面走去的时候，他在考虑的并不是国家与世界的命运。可是糟糕的是，朱丽安娜，从通风管道中潜入的抵抗组织成员，明明被他利用殆尽、玩弄于股掌之中，却好像猜出来了。

"托马斯来见我的那天晚上，他是那么惭愧，真令人心碎，他相信他的不完美让你失望了。仅仅是告诉他你有多爱他，并不足以拯救他，因为他就是被以这种方式养大的。这一定让你心情很沉重吧。"即使没有回头，约翰也可以肯定，朱丽安娜此时露出了那种令人无可奈何的得意笑容。他不知道怎么回答，也不想回答。他本应该主导这场谈话，但是他的思绪却与托马斯的音容笑貌缠在一起，放映着来自平行世界的那两个独特的胶卷。这也是他在波科诺山的原子机器中见到的东西：在平行世界，幸福地享受平凡生活的健康的托马斯和海伦以及衣着滑稽的他自己，在一个乡下嘉年华中玩闹。胶卷被他锁在办公室抽屉里，每当夜深人静，他便在办公室里一遍一遍播放，在放映机齿轮咔哒咔哒的响声中默默哀悼。也许新世界项目能让他找回托马斯。

专列缓缓进站，副官的提醒打破了他的沉思，他站起来，把没读两行的新石油条约草稿塞进公文包。汽车行驶在寂静的街道上，司机颇为热情地恭喜他这趟旅行的成功，在报纸上可以读到石油禁运取消了。约翰礼貌地敷衍着，发觉自己又被某种悲伤的情绪笼罩了。这是不可以的，对于一个元帅来说，这是致命的，尤其因为他有一些小小的家庭秘密急需处理。珍妮弗已经12岁了，学校医务室打算检测她是否和托马斯一样遗传了那个肌肉萎缩症，而他和海伦实在不能再次冒险了。怎么办呢，他思索着，最好能够秘而不宣地先检测出结果，再做打算。可是出于他名噪一时的处境，这又似乎很难做到……不过没关系，上次他早已做好送托马斯去南美避难的准备，只是没有来得及行动，否则事情仍然会在掌控之中，所以他这次一定要尽快。要不是元首的临时命令打乱了他的计划，要求他去中立区办事，他早该来处理珍妮弗的事了。

⋯⋯⋯⋯⋯⋯

——2023届 庞贝古城

[扫码阅读全文]

原著简介

原著《高堡奇人》，既有小说（菲利普·迪克著）也有电视剧。同人文主要基于电视剧（相对于小说改编很大）创作，但也略微混杂别的内容。

原著世界观

在一个平行世界里，罗斯福总统遇刺，美国再也没有从经济大萧条中缓过来。美国一蹶不振，未能在"二战"中获胜，于1946年有条件投降，被分成三个区域：东西两边是被两派邪恶势力分别控制的区域，中间是中立区。三个区域都活跃着抵抗组织，中立区尤甚。高堡奇人——阿本森，住在中立区，收集来自其他平行世界的电影胶卷，试图以此反抗政府，遭到追捕。

原著人物背景和形象

约翰·史密斯，美国人。他作为美国通信兵团的一名上尉参加"二战"，美国投降后加入国家卫队。从国家卫队五级小队长开始，他屡立"战功"（主要是参与大屠杀）、平步青云，在政治斗争中如鱼得水，晋升为国家卫队高级总队长（原著故事开始的地方）、最高总队长、元帅（我的故事大概发生在此时）。当时，新世界项目成功建立了去往其他平行世界的通道。约翰一直相信加入国家卫队是为了保护自己的家庭：他育有一个儿子两个女儿，托马斯、詹妮弗和艾米。但是，托马斯被查出无法治疗的遗传病，按照当时的"优生学"政策应当被"处理掉"，虽然约翰杀死了医生，但是托马斯得知真相并"自首"后死亡，这使得约翰对自己的做法感到深深怀疑，妻子海伦更是难以走出来。最终，约翰在遭到妻子背叛后饮弹自尽。

终稿作者阐述

其实没有完全想好约翰的反思能走到哪一步，写成目前的反思程度的原因是：根据原著情节发展，他后来仍然试图安排所有事情、操纵海伦，所以我推测他在海伦出走事件中并没有顿悟，还是抱有原来的看法——事情发展过程中他可能有一些怀疑，但最后都被"情绪管理"了。

最大的感受是要写约翰这样精明的人的心理活动真的有些困难，有些地方要既合理又矛盾。

另外，细节描写不尽如人意，下次继续尝试吧。

最后一段对话甚至没加细节描写，试了几次都感觉一加上气氛就歪了。

任务 16：名人的秘密[①]

请选一个你略有了解的知名人物。他/她可以是政客、球星、主持人、歌手……可以在某个你感兴趣的领域众人皆知，也可以在全社会都有一定的知名度。因为这种名气，他/她就会在某种程度上被贴标签——富甲一方但是粗鄙吝啬、过于油滑、永远追求完美的事业狂、拥有过人天赋……总之，不像我们对于邻居或同学，通过经常性的近距离接触产生了解。这些人因为某些原因被从众人中孤立出来，他们的形象往往来自媒介和舆论的塑造，有被固化的倾向。

请模拟这个人物的口吻，写一篇自白。在自白里，他/她需

---

① 这个任务设计参考了《创意写作教学：实用方法 50 例》第 10 例"模拟名流：进入角色深处"。

要透露一个同平时的公众形象不尽相同的秘密。自白的具体形式可能是给某人的一封信，或在微博之类的社交网站上公开发布的一个帖子，等等。

请注意：

你可以通过一个物件进入这个名人的真实世界。假设你披上了隐身衣，那么当你流连于该人物的私人空间，你会有什么独特发现呢？提包中的便条？更衣柜里养了蛇？卧室的十重遮光窗帘？一直没有摘下来的白色棒球帽？人会隐藏内心、曲解事实，但物件不会。让诚实的物件帮他/她吐露内心的隐秘。

有非凡境遇的人，往往性格复杂、经历坎坷。当你窥见了他/她不愿示人的那一面，需要思考的就是他/她为什么要这样做。真实自我和公众形象之间的鸿沟，就是这篇自白需要着力的地方。同时，你也需要设想：这个人又是在什么缘由下，决定公开他/她的隐私？他/她会持什么态度（坦诚的/悲观无望的/充满不信任的……）做这件事？

人物二稿头脑风暴

只写一稿是不足以把一个人物真正写出来的。

在初稿中进入人物世界的尝试往往新奇有趣。但是，很多作者会感到，自己无论怎样也写不出自己想要的效果。这时你首先需要考虑的不是自己的修辞描写功力，而是你有没有抓住人物的某项特质、有没有为此找到贴合的情节，让人物面临足够的挑战。

为此，这里准备了修改前的头脑风暴：

进阶版人物调查问卷

1. 如果他/她有机会为自己写回忆录，你觉得他/她会看重自己一生中的哪方面经历？具体来说，他/她会致力于讲述什么时刻？

2. 职业：他/她职业生涯中最经受挑战的是什么时候？发生了什么事？他/她是怎么应对的？带给他/她的后续影响有哪些？总体来说，这种挑战来自外界还是内心（例如某种性格弱点）？

3. 家庭：家庭中（无论小时候的家庭还是成年后自建的家庭，都可以），他/她最在乎谁？他们如何相处？谁最在乎他/她？为什么？他/她最甜蜜的记忆是什么？最不好的记忆是什么？当时具体发生了什么事？

4. 性格：如果有机会回看，他/她认为自己性格的优点是什么？（他/她会想起哪些事情作为"例证"?）他/她会痛恨自己的哪些性格特点？（他/她会想起哪些事情作为"例证"?）

5. 外界：对他/她自己来说，受了哪些外界影响，他/她才成为今天这个样子？对你（创造他/她的人）来说呢？

6. 想象一下，文中曝光的他/她的这个事件，有或者没有，对他/她来说都一个样吗？（会有本质性影响吗？会有些微影响吗？会有看似无但实则有的影响吗？）那影响是怎样的？

进阶版作者阐述

1. 你心目中想要展示的人物核心特质是什么？初稿跟上述目标的差距在哪儿？（哪里是你想要但感觉没写出来的）

2. 你觉得自己选取的情境/事件是（展示人物核心特质的）最佳选择吗？

如果不是，你现在想来还有什么其他可能的情境/事件可选？

3. 具体说，你现在最大的困难是什么？

进阶版读者互助

1. 作者笔下的人物哪里吸引你？（你可以举例，也可引用原文）

单纯读故事，你觉得这是个怎样的人？

2. 请试着帮作者解决困难（作者阐述的问题3）

高阶版读者互助

帮作者设想一个情境——根据作者在进阶版阐述里提出的目标，你认为展示人物的哪些时刻有助于展示出他/她的这种特质？

注意：时刻包括时间、地点、冲突/事件的性质。

首先，无论侧重于职业还是信仰，无论在哪个维度，你都需要站在整个生命周期的高度，去俯瞰人物的命运。

其次，要有核心事件，以便让你的人物行动起来。

剧作领域有个相关术语叫人物弧光（character arc）。这个词的意思是，你需要制造主要人物内心的能量震荡（跟内心或者跟外界情势撞击）。这里的"弧"，指的不是作者必须让人物表里不一，而是作者需要通过情节探查人物的真相。真相往往跟表象不那么一样，否则故事还有什么值得一写的？这时你应该能理解，只是写写状态，是很难写出真相的。

请看《海葬》二稿头脑风暴。

进阶版人物调查问卷

1. 如果她有机会为自己写回忆录，你觉得她会看重自己一生中的哪方面经历？具体来说，她会致力于讲述什么时刻？

她心里隐隐觉得自己的大学生涯是最值得被写进一本回忆录的。固然，生儿育女也是生命中不可忽视的一个"巨头"，但她总会怀念年轻而又充满活力的青春，有关大学的一切。这大概是她离"家庭"这个词最遥远、离心力最强的一个阶段。

2. 家庭：家庭中（无论小时候的家庭还是成年后自建的家庭，都可以），她最在乎谁？他们如何相处？谁最在乎她？为什么？她最甜蜜的记忆是什么？最不好的记忆是什么？当时具体发生了什么事？

她最在乎女儿。女儿出生的时候难产，不是很顺利，因此她记忆犹新，痛苦坐月子的回忆让她觉得女儿是来之不易的生命。母女俩的相处模式可能像生产时一样，有一种微妙的隔阂感，她们在聊到现实问题时总是统一战线，在哲学问题上却很少聊到一起。她觉得自己的女儿很孝顺，在外孙出生后，两个人有了共同疼爱的对象——外孙。

在原生家庭中，最在乎她的是爸爸。在父母望女成凤的心愿里，爸爸可能是注意到她情感需求的一方。而在自己组建的家庭中，她的爱人对她的关爱胜过一切，小心呵护着她。

有次她去接女儿放学，在学校门口给自行车后座上的女儿买了根绿豆冰，女儿让给她吃了一口。她一路骑回家。在柴米油盐中，这算是最幸福的一类生活小事。

　　她高中时喜欢没事在草稿本后面写些小诗自娱自乐，有一次整理书包的时候被妈妈翻到，大发雷霆，把她的"诗集"烧掉了。她那时隐约意识到自己想学文科在这个屋檐下是件羞耻的事情。

3. 性格：如果有机会回看，她认为自己性格的优点是什么？（她会想起哪些事情作为"例证"？）她会痛恨自己的哪些性格特点？（她会想起哪些事情作为"例证"？）

　　优点是耐得住柴米油盐的生活，年轻的时候脾气太刚烈，长大后反倒依恋平静的生活。

　　痛恨自己只执着眼前人，比如爱着谁的时候就只爱他一人，有了骨肉就去依恋骨肉，万事不离。

4. 想象一下，文中曝光的她的这个事件，有或者没有，对她来说都一个样吗？（会有本质性影响吗？会有些微影响吗？会有看似无但实则有的影响吗？）那影响是怎样的？

　　有点夸张地解释，爱人去世大概是这世界上最爱她的一个人永远离开了，短时间内似乎没有什么影响（从她自己的角度而言），但沉稳的爱慢慢消失，她有个空缺。在这件事之后，回到现实生活，她调整了很多生活节奏和习惯，硬件软件上都有。

进阶版作者阐述

1. 你心目中想要展示的人物核心特质是什么？

初稿跟上述目标的差距在哪儿？（哪里是你想要但感觉没写出来的）

想展示她面对生老病死的态度，面对痛苦的态度？

感觉我不知道想要写出来什么！想写出来那种释然的感觉，夹杂着痛苦，但面对必要的别离需要做出的割舍。不知道如何来定义。

2. 你觉得自己选取的情境/事件是（展示人物核心特质的）最佳选择吗？

如果不是，你现在想来还有什么其他可能的情境/事件可选？

肯定不是吧我想，不过是我想写的情境。

可以写写她大学时候的故事啦！

3. 具体说，你现在最大的困难是什么？

我甚至不能完全理解自己写初稿的时候最想展现的人物核心特质是什么。

请看《错误的选择？》二稿头脑风暴。

进阶版人物调查问卷

1. 如果他有机会为自己写回忆录，你觉得他会看重自己一生中的哪方面经历？具体来说，他会致力于讲述什么时刻？

虽然他自称最重视家庭，但他仍会写自己的职业，因为这决定了他的一切生活。重点写他近几年是怎么在工作中处处小心、踏入权力中枢，却失去了他的儿子。

2. 职业： 他职业生涯中最经受挑战的是什么时候？发生了什么事？他是怎么应对的？带给他的后续影响有哪些？总体来说，这种挑战来自外界还是内心（例如某种性格弱点）？

权力中枢发生政变，谋求上台的权臣毒杀了前元首，而约翰曾经明确拒绝参与权臣的计划。

权臣通过政变上台了。虽然约翰被禁止离开北美，但他利用人际关系和利益交换获得了进入柏林的机会，在新上位者对核战犹豫之际，他悄悄找到新上位者的对手，呈给他政变证据，促成了反政变，受封为元帅。

虽然他升官了，但是这意味着他彻底卷入权力斗争当中，能分给家庭的时间越来越少，也日益远离他的初心。

3. 家庭： 家庭中（无论小时候的家庭还是成年后自建的家庭，都可以），他最在乎谁？他们如何相处？谁最在乎他？为什么？他最甜蜜的记忆是什么？最不好的记忆是什么？当时具体发生了什么事？

他最在乎托马斯，像传统的理想父子关系那样，托马斯仰慕他，而他对托马斯既严厉又关爱。海伦最在乎他，她这么多年一直与他一起经历风风雨雨，她相信约翰能够保护这个家。他最甜美的记忆是托马斯还小那阵，他平日不忙，全家人常常一起出去，他和海伦情意绵绵。最不好的记忆是，他回到家，突然在报纸上看到托马斯死去的消息，而海伦整个人崩溃了。

4. 性格： 如果有机会回看，他认为自己性格的优点是什么？（他会想起哪些事情作为"例证"？）他会痛恨自己的哪些性格特点？（他会想起哪些事情作为"例证"？）

他认为自己的优点是精明、谨慎，不然也不会这样平步青云，而且家庭和工作的平衡还不错。

缺点：极度自信，虽然大部分时候他的行动都成功了，但托马斯的死绝对是这个缺点造成的。

5. 外界：对他自己来说，受了哪些外界影响，他才成为今天这个样子？对你（创造他的人）来说呢？

他生活在黑暗的时代，从小贫穷，社会经济不景气，为了整个家庭的生存，他加入了国家卫队。也是因为这样的乱世，他才意识到只有家庭是重要的。

原著中他很吸引我，是因为他出场时似乎是个很平面的反派，但很快又呈现出他的内心和行为充满矛盾，这很真实，所谓平庸之恶，他是被自己的权力欲和时代一起塑造出来的。

6. 想象一下，文中曝光的他的这个事件，有或者没有，对他来说都一个样吗？（会有本质性影响吗？会有些微影响吗？会有看似无但实则有的影响吗？）那影响是怎样的？

会有本质性影响。他此后的一年都生活在这件事的余波中，既痛苦又无所适从。

进阶版作者阐述

1. 你心目中想要展示的人物核心特质是什么？初稿跟上述目标的差距在哪儿？（哪里是你想要但感觉没写出来的）

用所谓顾全家庭的初心来安慰自己，其实控制欲和权力欲过于强盛，早已脱离初心了。

权力欲心理有点没写出来。

2. 你觉得自己选取的情境/事件是（展示人物核心特质的）最佳选择吗？

我觉得是了，又一次为了工作而忘记了家庭，完全违背他原本的想法。

3. 具体说，你现在最大的困难是什么？

作为一个很精明的人，约翰应该逻辑清晰地思考未来的计划，而碰到突然的打击他也会有内敛但强烈的情绪，这两方面我都有些写不出来。

进阶版读者互助①

1. 作者笔下的人物哪里吸引你？（你可以举例，也可引用原文）单纯读故事，你觉得这是个怎样的人？

野心大，曾经是个梦想家，但逐渐失去自我的"枭雄"。似乎是个于连式人物。

2. 请试着帮作者解决困难（作者阐述的问题3）

或许可以着重描写心理和一些小动作的细节（但愿你能控制好篇幅）。

人物三稿头脑风暴

虽然到这里才是针对人物描写的修改，但重点依然不是辞藻，而是——你能否通过遣词造句，巧妙反映出人物在事件中内心状态的变化。

---

① 这份读者互助来自庞贝古城的组员樵夫K。

1. 外貌描写（除了脸部五官，也包括体态、着装、配饰、声音、气息……）。

请分别给出剧情开端和结尾处的外貌描写。

要求：让我们看到从剧情开端到结尾，人物状态的变化。

2. 动作/行为描写。

请分别给出剧情开端和结尾处的动作/行为描写。

要求：两厢不同，让我们看出随着剧情推进，人物身上发生的变化（好→更好，糟→更糟，好→糟，糟→好）。

3. 心理描写。

请给出一小段剧情核心地带的人物心理描写。

要求：是时候了，让我们看到这个局面里他/她的犹豫、不满、勇敢、绝望……一起期待随后的情绪爆发。

4. 对话描写。

请给出一小段剧情核心地带的对话描写。

要求：

a. 从对话开始到结局，对话双方之间的能量推挡发生了某种（微妙的）变化。

b. 请注意以人物措辞和语气展示他/她的受教育程度、说话习惯（口头禅、性格），最重要的——他/她此时此刻的立场。

c. 可以考虑使用沉默、独白、潜台词……

5. 场景描写。

请根据剧中人物的某一情感状态，写一小段场景描写。

要求：行文中不要直接说出人物的内心情感，而是请读者根据场景猜测。

头脑风暴字数不用多。但它是一个机会，带着你再次进入人物的世界，为创作号脉。

请看《错误的选择?》三稿头脑风暴。

> **1. 外貌描写**（除了脸部五官，也包括体态、着装、配饰、声音、气息……）。
>
> **请分别给出剧情开端和结尾处的外貌描写。**
>
> **要求**：让我们看到从剧情开端到结尾，人物状态的变化。
>
> 开端：在士兵们看来，他像往常一样，短发一丝不苟，黑色军服整整齐齐，领章和肩章闪闪发光，帽子随意地放在桌上，以一种威严的方式跷着二郎腿。他的眼睛炯炯有神，他没有盯着哪看，却仿佛让人意识到目光蕴藏着能量。他大部分时候没有表情，可当他跟来倒茶的勤务兵说谢谢的时候，没人能比他更真诚。
>
> 结尾：他一直没来得及换衣服，还穿着参加活动时的礼服。他站在落地窗旁边。如果有人从背面看，一定会惊叹于他大半夜在家里仍站得笔直，不知道是军人的习惯还是在刻意注意形象。不过，漆黑的夜空很清楚，他仍瞪着的眼睛里射出的强光是迷茫的，凝视着自己的过去、现在和未来。
>
> **2. 动作/行为描写。**
>
> **请分别给出剧情开端和结尾处的动作/行为描写。**
>
> **要求**：两厢不同，让我们看出随着剧情推进，人物身上发生的变化。
>
> 开端：司机提着行李，陪约翰上到帝国大厦的顶层——他

的公寓和办公室，向他敬礼，走了。约翰看着电梯门迅速关上，显出一个巨大的帝国标志，这才突然觉得很疲劳。他把军帽丢在桌子上，松开领口最上面的那颗扣子，把硬邦邦的衬衣领子向两边拽开，喘了一口粗气。房间里昏暗极了，他探询地叫了声"海伦"。可是答应的却是年轻女佣布丽姬。她细声细气地告诉约翰，海伦和孩子们前一天就走了，去海滨别墅了。如同五雷轰顶，他敏锐地意识到，有什么事发生了。

结尾：电话嘟嘟响着，催促着他把听筒放下。可是他仿佛失去了移动能力，只是握着听筒，静静地听着。良久，他突然感到听筒已被捂得温热，一激灵把它放下，缓缓站起来，走到窗边。

3. 心理描写。

请给出一小段剧情核心地带的人物心理描写。

要求：是时候了，让我们看到这个局面里他的犹豫、不满、勇敢、绝望……一起期待随后的情绪爆发。

厚厚一沓档案被送了进来，约翰等那个职员把门带上，这才从公文包中掏出早已填好的"阴性"检测报告。他找到珍妮弗的医疗记录文件，抽出写着"推迟检测"的单子，把它悄悄换掉。事情办好了，约翰稍稍放松，浏览着事无巨细的档案。珍妮弗成绩平平，在少年团里也平平无奇。唉，他痛苦地想起：托马斯是"国家青年团"的小队长，为带领全班同学宣誓而骄傲；托马斯曾经好几次跟他抱怨数学考了第二名；托马斯每门课的成绩都是A+——包括优生学……也许托马斯的死真的不是因为约翰悔恨已久的疏忽，而是自己让儿子接受了这种意识形态之后无法避免的结局。也许他坚持已久的信条——

all for family——内部存在矛盾？也许这也是这次护士事件的导火索……

不，约翰决定摆脱这种怀疑，因为他预感到这会使他的一切合理性就此崩塌。既然目的已达到，他便站起来，把文件像原来一样摆在一起，大步离开了。珍妮弗的问题，他已计划好了，不必检测，由于他颇为可悲地经验丰富，自然能识别出症状——最好不存在的症状。机械地回应人们的问候时，约翰愉快地想，海伦避风头也快该回来了，事情也许可以重回正轨。

4. 对话描写。

请给出一小段剧情核心地带的对话描写。

要求：

a. 从对话开始到结局，对话双方之间的能量推挡发生了某种（微妙的）变化。

b. 请注意以人物措辞和语气展示他的受教育程度、说话习惯（口头禅、性格），最重要的——他此时此刻的立场。

c. 可以考虑使用沉默、独白、潜台词……

"约翰？"

"是我。海伦？你在哪啊？你还好吗？"

"嗯，孩子们和我……我们很安全。"

"那就好。听着，你不该逃离那个护士……"

"区区一个护士吓不倒我……"

"我没有生你的气，我只是……被你吓到了，仅此而已。你能先回家来吗？求你了，你能先带着孩子们回来吗？"

"我爱你，约翰……可是，我想逃离的是你。"

"……"

海伦挂掉了电话。

5. 场景描写。

请根据剧中人物的某一情感状态,写一小段场景描写。

要求:行文中不要直接说出人物的内心情感,而是请读者根据场景猜测。

黑夜似乎没什么可看的。底色是黑色,云彩是黑色,月亮好像也有点黑,在城里看到的星星就像是幻觉。相对来说,他自己大概是一道更有趣的风景吧。也许是黑夜在凝视他,而不是他在凝视黑夜。窗外的是他的黑色制服,而他被困在由它包裹的玻璃柜里,海伦则逃离了……

第二节　场景

场景是故事发生之地。

它不仅是一个空间概念，也是时间概念。它是人物、事件存在的那个物质世界。"你不可能写一个没有在任何地方发生过的事情。"[①] 但是，就像故事既是物质的也是精神的，场景也具备这样的属性。

因为场景是具象的。就算它在你的作品里出现，只占 57 个字，它本身也是一应俱全的小世界。好的场景，那个小世界会有一种高度浓缩的精神特质，给人以独特感觉。

提起游泳池，你会想到什么？一定有池水早已抽干、蒿草疯长、漆皮斑驳的跳板兀自高悬的废旧游泳池。也有铺设在沙漠里，如机场跑道一样平直的绿色游泳池。动物园、火车站、公园都如此具体。世界上没有"抽象的"游泳池、动物园、火车站。

作为作者，你完全可以依据头脑里的某种感觉，依据你对人物的理解或者主旨，主动去创设和情节人物相宜的场景。这时就需要你的地理、历史、生物、物理等领域的知识，也需要你调动自己的视觉、听觉、嗅觉、触觉。如果你想让读者在这个场景中

[①] 韦尔蒂. 一个作家的开始//艾利斯. 开始写吧！：非虚构文学创作. 刁克利，译注. 北京：中国人民大学出版社，2011：163.

被搅进人物迷雾般的命运里,迷途不知返,你自己先要置身其中。

这需要创作时精准地考据和把握,把常识、数据转化为氛围、气场。在你的场景里,什么地区的人信奉什么宗教、有着什么仪式,哪个季节的河畔生长什么样的蒿草、掠过什么样的飞鸟,家族老宅椅背的绣花被磨损到什么程度……此类细节都要顾及,都可以设计。

热身任务: 对一个场景的不同主观感受

凝视这幅画,然后凭直觉说出自己的第一感受
(一个词或一个短语即可)

在我们的课上,每次做这个游戏,20 个左右的学生说出来的词几乎没有重合的。他们提到的词包括:冷、蓝色、静谧、凄凉、温暖、安全、诡异、孤独、困……

你的词是什么呢?

你可以拿这幅图给周围的人看,看他们说出的词又会是什么。

(反过来,当人们提到"冷""蓝色""静谧""凄凉"等词时,你脑海中浮现出来的画面又会是什么样的呢?)

这是美国画家爱德华·霍普(Edward Hopper)的作品《夜游者》(*Nighthawks*,1942)。

我们用它完成了一个试验——同一个场景,不同人的感知是不一样的。

人们的生理情况不同,彼时彼刻的状态不同。这致使同一个物质环境中,每个人关注的重点会不同。即使对于同一个点(比如色彩或者空间),每个人感受的指向不同(正向/负向),程度也不同。

人对场景的感受会有主观化成分,而故事的世界就是主观和客观交织的。写故事的人不会错过这个机会,让场景在故事中成为推动情节发展、深化主旨的工具。

任务 17:为架设的场景展开故事

想象一个你感兴趣的世界。首先,它是一个物质存在,拥有时空的概念。它的大小不拘,可以是 14 世纪的古堡,也可以是一座沉落海底的国度——以刚好容纳一个故事为宜。让你的想象力蔓延,让这个世界"麻雀虽小,五脏俱全"。你可以为它画一幅地形图,标出河流的走向(它的发源地在哪儿?在哪儿会有一个突然的大拐弯?)、街道和公交车路线、方位坐标、空间关系,查出祭坛上攀爬的绿植的名字、地名的来源和正确读音、某些术语的正确意思(如"海蚀洞"的定义:常见于海崖上的岩石裂缝发育的地方,是岩石因受海浪不断冲击而不断碎落所形成的空洞,与化学溶解而成的内陆溶洞不同)。

查更多资料，做更多联想与思考，让你的想象能够自圆其说；更加深入地理解你想象的世界。了解它的四季气候、植被分布、地貌特征，或者建筑风格、历史传承，寻找它的文化特征（方言、习俗、宗教）。

关于地点（场景）的提示性问题

1. 名称。
2. 地理位置。
3. 大致面积。
4. 存在的时间/历史沿革。
5. 发生过的大事。
6. 它的外部世界的环境（政治/经济/文化/地理……）。
7. 其他。

....

分支一：人类世界

1. 建筑特色。
2. 内部格局。
3. 文化。
4. 出没的人（居民、职员、其他……）。
5. 人的种族/民族/阶层/性别/思维特征……

....

分支二：自然界

1. 地貌/地质构成。
2. 气候。

> 3. 季节性变化。
> 4. 植被/动物/习性。
> ············
> 最后，想象其中发生的关键事件、特殊时刻、重要人物（都可以不止一个）。

请以这个场景为基础，写一个故事。

希望你深入这个场景的独特性里（独特的气质、文化环境、其间走动的人们……），窥见其中发生的故事。

场景是事件的发生地。然而其中每一朵吐焰的大花、每一缕子夜的湿凉气，都呼应着人物的精神世界。

"须知：凡理皆寓于物。"①

创意写作课上小伙伴的习作

关于场景的调查问卷

1. 名称。
霍夫曼得镇。

2. 地理位置。
俄罗斯的圣彼得堡郊区，大概在北边一点的位置。

3. 大致面积。
很小的小镇，大概也就1~2平方公里。

---

① 艾利斯. 开始写吧!：非虚构文学创作. 刁克利, 译注. 北京：中国人民大学出版社，2011：149.

4. 存在的时间/历史沿革。

很久了,没准从18世纪起就已经存在了,不过人一直很少。

5. 建筑特色。

楼房和木屋都有,那些年纪大一些的人偏爱木屋。小镇中间有一条歪歪斜斜的石子路,但是老是下雪,大家都懒得扫,最后就看不太出来了。

6. 内部格局。

只有一家邮局,杂货店和小商场都在隔壁的镇子里,不过走不了多远。教堂倒是有一座,所以每到礼拜日总有周边的人过来。

7. 文化。

基本上信仰东正教,因此礼拜用的小蜡烛每家都有很多。这里的人话不多,但是互相都认识并且很靠谱。

8. 出没的人(居民、职员、其他……)。

居民中一部分是老年人,他们喜欢在晴朗的日子里到森林里的小溪钓鱼,一半都是脾气古怪的老头。另一部分是有小孩的家庭,小孩都身强体壮的,会被家长使唤到隔壁镇子去买面包。当然,还有一部分不是人,那种公派的妖怪们老被扔到这里来,以至于他们都拥有了一套糊弄当地人的说法,谁让这里离圣彼得堡近,还有邮局,还人少呢。

是的,作者同明用了课上作为热身的一张日本画家奈良美智家窗外的青森冬日即景。

并且她立即有了某种感觉。

课程里时间紧,她的初稿和二稿都没有真正写完。于是,期末时她把它发展为最终的大作品。

圣诞树和壁炉

圣诞节总是令人高兴的。

这个节日在西方的重要性不亚于中国的春节，不管你信不信基督教。而且很奇妙的一点是，人们总是将隆重留到节日前夕，就像除夕，就像平安夜。事实上，不光是人类，妖怪们也适应了入乡随俗，渐渐地连妖怪管理局都会在这个时候放假了。

佩德罗舒服地瘫在客厅的沙发上削着晚上的第二个苹果，他身后长着一双宽大的羽翼，正自然地舒展着，占据了整个长沙发。弗雷迪坐在另一张同款的单人沙发上，把玩着佩德罗新买的骨瓷小刀。天色已经擦黑了，窗帘都拉得严严实实，乳白色的灯光明亮地照耀四周，没留下一个死角。屋子里保留了原始的壁炉，温暖的火光跳跃地将影子映在墙上，印着花海的橘红色沙发套和火焰相得益彰。圣诞树挂着满满的装饰物站在壁炉旁，臃肿得像被塞进大人羽绒服里的小孩。沙发前的茶几上放着圣诞大餐，盛在佩德罗刚刚淘回来的新盘子里。红瓷锅里的奶油蘑菇汤还咕噜地冒着热气，油光满面的烤鸡乖巧地蹲在茶几中央。新鲜的面包切成小块，配着大盘子上的橄榄油摆成一圈，烤小羊排刷了满满一层酱汁，羊乳酪歪斜地待在碟子里，两份罗勒酱面各自缠成一团，摆在茶几两端，擦得闪亮的刀叉规整地摆在旁边。

万事俱备——

佩德罗削下苹果上的最后一块皮，长舒了口气，把它放在茶几边缘另一个白白的苹果旁边，满意地打量了几眼自己的杰作。

现在可以开动了。

弗雷迪坐着，一边往自己的嘴里塞面条，一边留有闲心思对佩德罗胡乱打手势。丁零当啷的声音从佩德罗的口袋里发出，像修车摊里的零件碰撞声。佩德罗只好停下对小羊排的攻势，不耐烦地去掏手机。

"哥！弗雷迪！圣诞快乐！"克里斯在电话那一头兴奋地嚷嚷。

"臭小子，圣诞也不回来，叫哥！"这是佯装生气的弗雷迪。

"你上一边去，这是我弟！"这是恶狠狠撞了弗雷迪一下的佩德罗。"圣诞快乐！你现在到宾馆了吗？工作怎么样？俄罗斯是不是太冷了，你衣服带够了吗？"

"够的够的，屋里可以开空调，不冷的。最近进展还不错，就放了我们一天假，明天接着弄。我想着这个时间你们应该准备吃饭，就顺便打个电话。今年实在是机会难得，就回不去了，明年，明年我一定在家！"克里斯自知理亏，对自家老哥是有问必答，末了还嘴甜地补上一句，"明年就轮到我品尝哥你的手艺了！我要从今天开始期待！"

"油嘴滑舌。"佩德罗嘟囔了几句，又像老妈子一样叮嘱了好久，其间给了插嘴的弗雷迪几"肘子"，最后挂了电话。他把手机随便扔到旁边的沙发上，哀叹似的抱怨："弟大不中留啊——"

"你至于吗，不过是出差。他又上哪里去了？"弗雷迪又开始吃面，含混不清地提问。

"他上西伯利亚挖土豆去了。"

"……"

"我开玩笑的。好像是什么新能源开发一类的任务，研发部那边的事情我不懂，总之听起来就不是什么安全的工作。"佩德罗开始跟小羊排做斗争。

"噢，佩德罗老妈子，你不反对吗？按照往常你肯定不答应吧。"

"那小子给我搞先斩后奏那一套。人要追求理想，命也不要，我从小给他又当爹又当哥的，能怎么办？又不能真当什么封建大家长。"佩德罗用叉子使劲掰扯那块羊肉，最后还是决定直接上手。

弗雷迪带着令他恶寒的赞许目光点了点头，然后快速低头解决晚餐，他看起来活像饿了三天的狼。于是两个人都不再说话，伴随着刀叉和咀嚼声，火焰跳跃着燃尽了平安夜的时光。

••••••••••••

——2025届 同明

[扫码阅读全文]

作者阐述

好哦写完了，夸奖自己呱唧呱唧。所以就是一个"碟中谍"的故事，一开始明明只想写"你不该发这个誓的"这一句话，最后变成这么多我也不是很理解。晚上赶得脑子有点不清楚，情节有点仓促,然后写得还很烂。

关于这个主线欢迎大家交流,我伏笔可是埋了不少,为了不过早暴露弗雷迪也是卧底,心理描写裁了好多。他对佩德罗肯定也愧疚得不行,这个人因为佩德罗用那种方式骗他而非常生气,故意不告诉他自己是卧底,明明他知道佩德罗会放走露比,根本跟"天罚"不是一路人,没想到他"挂"了。

呃,最后感谢出镜的朋友们,以及对不起靴老师,我把你写成这个样子。初稿就这样吧,到时候再改。

场景二稿头脑风暴

进阶版场景调查问卷

1. 用2~3个形容词概括你选择的场景的氛围(那个味道)。

例如:阴郁的、祥和的、硬朗的、柔媚的、未来科技感的、赛博朋克风的、奇幻的……

2. 用一句话描述在这个场景里发生的事件(一句话描述你的故事)。

用另外一句话描述事件中核心的矛盾冲突。

3. 用1~2个词描述主人公在核心矛盾冲突发生时的心理状态。

4. 写300字左右一小段话,展现核心矛盾冲突。

要求:以场景呼应此时人物的抉择和行动。

进阶版读者互助

请阅读组员的场景调查问卷,并回答:

1. 写出有特点的场景,有什么让人难忘之处?

2. 据此联想，这个场景里有可能生长出什么样的人物、什么样的故事？

《圣诞树和壁炉》进阶版场景调查问卷

1. 用2~3个形容词概括你选择的场景的氛围（那个味道）。

祥和的、平静的、温馨的。

2. 用一句话描述在这个场景里发生的事件（一句话描述你的故事）。

两个妖怪在加班的间隙中快乐摸鱼，互相鼓励。（这是现在这个故事的）

一群妖怪对管理局起了民愤，最后决定推翻它（呃，这是也许会写的）

3. 用1~2个词描述主人公在核心矛盾冲突发生时的心理状态。

我根本没有写矛盾。之后可能会写在发现管理局压榨控制他们的时候，他们惊讶、厌恶、失望、愤怒一类的心理。

4. 写300字左右一小段话，展现核心矛盾冲突。

要求：以场景呼应此时人物的抉择和行动。

弗雷迪站在教堂对面的小树林里，后背阵阵发凉。

他的朋友闭着眼睛躺在松树底下，脸色苍白，呼吸急促，左手不正常地向后弯曲。殷红新鲜的痕迹在雪地上蔓延，无力摊开的翅膀上羽毛零散，血迹斑斑。一把尖利的匕首安静地躺在他的脚边。

弗雷迪捂着自己的胳膊，血珠从那里连续地滑入衣服的沟壑。寒气从脚底浸湿他的鞋子，冻上了整个心脏。那是他的血。

几分钟前，那把匕首正对着他的心脏，似乎带着来自地狱的尖利，要一下子把自己捅个对穿。弗雷迪闭上眼睛，大口地喘着气，大量失血让他已经难以思考。一场暴风雪在脑海里扫荡肆虐。

不可能，不可能是佩德罗做的！冷静下来弗雷迪，佩德罗没理由害我，不是他做的。有人在控制他。管理局里不缺这种天赋的妖怪，隔壁部门就有一个。为什么是我，为什么是佩德罗！

弗雷迪胡乱从衣摆上扯下片布打了个结，随后他拿起那把匕首，颤抖地去探佩德罗的鼻息。微弱的气流拂过手指，他一下子塌下肩膀，颓然地跌倒在地："圣母玛利亚保佑。"

他看着好友静静地躺在雪地上，像是要融进这片雪里。四周很安静，但是弗雷迪的心脏却跳得越来越猛烈，越来越猛烈，几乎要跳出他的嗓子眼。脑海里的暴风雪不知何时销声匿迹，随之而来的是滚烫的岩浆，跳跃着，滚动着。弗雷迪不自觉地握紧了拳头，手掌上四个半月状的印记几乎要渗出血来。

见鬼的妖怪管理局！他们怎么敢，怎么敢用这种卑鄙的手段！是想从我这里得到什么呢？钥匙，是那扇门的钥匙，那把要人命的钥匙。他们既然想要，那就让他们拿去！

弗雷迪低着头从裤袋里把手机掏出来。太冷了，他都有点握不住了。他把手机放到耳边，听到通话音响起之后说："蒂姆，你家那台粉碎机还在吗？借我用用。"

第三节　矛盾冲突

　　如果，就像前面说的，我们把一个故事比喻成一趟以主人公的意志和行动为核心的旅程，这趟旅程为什么不能一帆风顺？为什么我们一定要在中间埋设沟壑，美其名曰矛盾冲突？我理解，这是出于对效率的需求。一部作品不管字数几何，总有最后一页（而没有作品的阅读时间可以等同于我们人生的长度，只有作品在有限的篇幅内跨越了我们人生的物理时空，其意义溢出了纸面局限）。还有什么比在有限时空中把人逼到绝境的做法，更能让读者目睹他亮出底牌的法子呢！

　　喜欢平淡日常和轻小说的孩子，也会看热血漫画、看漫威。陪伴人物经历从开篇到随之而来的各种事件，没有读者能否认，我们期待着事件抵达某种深度，就像洗衣机的涡轮把主人公种种搅拌——它们复杂、玄奥，下一刻就可能分崩离析。我们期待人物无法再掩饰他的猝不及防；期待一个绝妙的时机，把他高高抛起。捧着书的我们也随之深吸气，瞪大眼睛等着看他如何落地。足不出户，这是成本最小、收获最高的旅程。

　　在矛盾冲突成为对人物的挑战之前，它首先是对作者的挑战。它挑战到了作者的诚实和勇气。总有学生对着文档发呆，不知怎么制造恰如其分的矛盾冲突，这里我给出几个建议。

首先，你不要害怕，不要回避冲突。不要打着对人物之爱的旗号，为他规划丝滑且无味的生活。该来的总会来。

其次，不要让情节"狗血"。"狗血剧"的出现不是矛盾冲突律的错。被称为"狗血"的情节往往利用偶然性做文章，为了制造冲突而让人物突遭横祸或喜从天降。这种意外往往与人物的内心意志无关，就像植入广告一样让读者脚趾抠地。

最后，为了写好一个真正的矛盾冲突，你得让人物行动起来。这个行动的意思不是点燃一根烟或者踢翻路边的隔离栅栏，而是指人物要对自己面临的冲突有所抉择、做出改变（或者在变动中坚守不变）。

这最后一点曾经让我费思量。学生常常利用对话或者内心独白解决矛盾冲突。因为，他们解释有时人就是靠顿悟翻过一座山。而我为什么总感觉这还不够？我为什么不能接受静态的叙事？直到突然间我有所顿悟：

实践出真知。

无论爱还是自由，在生活中，我们所探讨的所有命题都是知易行难。口说无凭，请让你的人物站出来直面挑战试试。

任务 18：三个词创造故事

（如果是几个人一起完成任务，你们可以交换，或者请别人帮你写三个词也可以。）

听好了！请在纸上不假思索地写下一个名词、一个动词、一个形容词，此刻从你脑海中冒出的第一个就好。它们之间不需要有关联。

请把这三个词按顺序填到下面这句话中：

一个人想要名词，于是他/她动词，他/她的世界从此变成了形容词的。

并以此为提要，限时内扩展出一个故事。

课堂上，我们写作初稿的时间是 45 分钟。

由于你手中的三个词很可能彼此没有任何关系，这三个分句看起来就会风马牛不相及。但这个游戏就是要求你人为地为这三个词之间赋予某种内在逻辑，使得这句话拓展的故事不但合情合理，而且是好故事。为此，你会自然而然地依据故事的动力机制去推进讲述，在从开端到结尾的旅程中，制造一条能量变化的曲线。

同时，这个任务也能够很好地让我们感受到，坚实的故事结构来自感性与理性的有机结合。

解释一下：

世界上每天都在发生着各种各样的事，但不是每一件都是"故事"。只有当我们立足于探寻一个人（当然不一定是"人"，也可以是一位精灵长老、一块奥利奥饼干、一个 AI。前面说过，人物是一个"意志的主体"）内心深处的世界，故事才算开场。

第一个分句是故事的开端，主人公有某种欲望/需求，于是……

（这个名词，可以是具体的某个物品，比如"花"就是鲜花；也可以是物品背后的抽象含义，比如"花"可以代表爱/青春永驻……）

如果这个人像生活中很多情况下的你我一样,只是把念想默默埋在心里,那么故事多久也生长不出来。

只有当他行动起来,好戏才必然上演。

动词可以是本义,比如"飞"可以指展开翅膀翱翔;也可以指引申义,比如"飞"代表了思绪的飘摇,或者不脚踏实地的飘忽状态。

你的主人公未必是主动去展开行动的。但只要他"动"起来,他身边的事态就处在"活"的状态里。因缘际会中,他的一系列举止、选择可能推动他实现或者更加远离他的那个欲求。总之,在这个过程中,他的某种底线有可能被挑战到,他终归会主动展示出自己的意志。

如果说故事的形状像枣核,这第二个分句就是枣核鼓起的中段。主人公的命运在意志与内外情境的交锋中激荡,好比从起点抛出的抛物线。最终,当主人公在故事中"触底反弹"的最大抉择中蜕变,一切也就走向尘埃落定。

如前所述,形容词可以是本义,也可以是引申义。作为结尾,它昭示了一个人在某段生活经历中的选择、行动、际遇,以及最终可能导致的某个结果。这个结果或许是这个人当初想要的,或许是他当初想要以及采取行动时没想到的。这可能是主观与客观、必然和偶然的结合,它使得这个人的经历作为一种隐喻,向人们展示了人在世间生存和发展的某种可能性。

好的结尾不出这八个字:意料之外,情理之中。

你可以想一下这是为什么。

创意写作课上小伙伴的习作

（一个人想要<u>电影明星</u>，于是他/她<u>哭</u>，他/她的世界从此变成了<u>梦幻的</u>。）

乔万娜

克劳伦斯在第五大街遇到了某一位电影明星，穿黑色的吊带包臀裙，涂艳丽又夸张的口红，站在比萨店的玻璃橱窗旁边给另一个小姑娘签名。她有一头浓密而柔顺的金色长发，匀在她的肩上，橘红色的夕阳缠绕其中。

他想不起来她的名字，但记得她的脸。这是他的妻子乔万娜最喜欢的那部电影的女配角，因此这张脸在他家的屏幕上晃了半个月。

看得快吐了。克劳伦斯这么想。

但乔万娜就是这样，喜欢什么就要坚持重复几百遍，直到这辈子都不想再看见。他刚开始追求乔万娜的时候陪她吃了两年同一家餐馆的意大利面，每年纪念日看的电影都是同一部，甚至她总是穿近似款式和颜色的衣服，做一成不变的早餐。直到克劳伦斯看到煎蛋就想吐。

乔万娜。

克劳伦斯抑制不住地又想到她。乔万娜。

两个星期前终于因为癌症过世的，他的妻子乔万娜。

收下了签名的女孩向她道谢，女明星也和助理走向停在旁边的车。他于是快步与那位打扮香艳的女明星擦肩而过，继续向第五大街的尽头走去。

其实想到乔万娜也没有什么大不了的。克劳伦斯并未对乔万娜的死有什么太大的反应。

——应该说是没有什么反应。当时是这样，两个星期后也是这样。他走进葬礼现场的时候甚至没有掉出一滴眼泪。连他的朋友都感到诧异，用脚踢了踢他的皮鞋悄悄问他："你怎么回事？"

克劳伦斯别过头轻轻说："大概我并不爱乔万娜。"声音淹没在葬礼的圣歌中。

对。大概我并不爱乔万娜。克劳伦斯在想到这一句话的时候感觉周身一轻。

妻子的死给他带来的连日异样只是他诧异自己为什么没有感到悲伤。因为他知道他对妻子的爱意早已经在日复一日的漫长疾病照料中磨损殆尽，乔万娜逐渐像每天早上固定的煎蛋一样让他感到恶心。乔万娜的死只给他带来了解脱，当这个问题得到解决的那一刻，他如释重负，于是心安理得地离开了葬礼的现场。

克劳伦斯又一次在第五大街遇到了那个他叫不上名字的电影演员。今天穿着透出黑色蕾丝内衣的轻薄短上衣和短裙，口红的颜色依旧那么张扬，昨日散着的头发被高高束起。正在和她年轻的助理交代着什么。

助理匆匆离开，走向街对面的咖啡店。而女明星依旧站在橱窗前，等着她的咖啡或者来接她的车。

克劳伦斯盯着她看。她的头发很漂亮，克劳伦斯想，不知道是漂染的还是本来就是金色的。他想起乔万娜因为化疗剃光了头发之后哭着问他是不是很丑。乔万娜害怕改变,尤其是跟随了她十几年的相同的那套发型。

他当时怎么回答的?他忘了,但大概只是说不。

这回女明星发现了克劳伦斯在看她,于是向他点点头。

克劳伦斯尴尬地也向她微笑。为了让他的注视显得不那么冒犯,他还是走上去问:"请问您可以帮我签个名吗?"

女明星微笑地看着他。那张脸快速让克劳伦斯开始感到反胃,端正的五官在胃酸的作用下快速拧在一起,黏腻地结出无数卵。他低下头慌张地想起自己好像并没有带什么能被签名的东西,只在包里翻找出一张昨天去超市买东西的小票。

"对不起,我,我没找到其他的纸……这个行吗?"

女明星轻轻点头,额前的一缕金色的头发垂下来,衬得她蓝色眼睛里的暧昧更蒙眬。克劳伦斯不想看她的脸,只是别开头解释说:"我的妻子是您的粉丝。"

女明星像是随口接话,"那您可真是位好丈夫……她叫什么名字?"

克劳伦斯愣了愣,然后说,乔万娜。

女明星抬起脸露出惊喜的神色,把那张小票和他的钢笔还给他。她好像想说什么,但被赶来的助理匆匆拉走了。

克劳伦斯低头看了看,那张小票上写着:

致乔万娜:

　　祝生活愉快。

乔万娜

后面是一串电话号码。

之后克劳伦斯再也没有在第五大街那家店的橱窗前遇到那位女明星。不过他终于后知后觉地记住了她的名字。乔万娜。

大概是艺名之类的。克劳伦斯这么想。但还是挺巧的。

乔万娜知道这件事吗？她和她最喜欢的那部电影里的女配角重名。大概知道，克劳伦斯觉得在她反复看这部电影的那半个月里总有一次看到了制作组名录。一次就足够了，尽管乔万娜是个一点都不火的新人演员。

他犹豫再三还是拨出了后面的那串电话号码，对方居然真的接了起来。她问："您好，是乔万娜女士吗？"

克劳伦斯也不知道这时候该说点什么。但他咽了咽口水还是说："对不起，我今天没来得及告诉您，我的妻子在两个星期前去世了。"

乔万娜和克劳伦斯迅速建立起固定且频繁的电话联系，尽管克劳伦斯的开场白算不上友善。

他们的发展实在出乎克劳伦斯的意料。他不知道是这位女明星早就想谈一场普通的恋爱对抗演艺界，还是他在试图证明他一点都不爱乔万娜。

总之他和这位乔万娜第一次约会距离初见的时间间隔远远短于他和上一位乔万娜。乔万娜年轻，甜美，幽默。见面的时间她总有说不完的笑话。克劳伦斯走在她旁边的时候，感到前所未有的轻松。

至少她不会点十五份相同的比萨。克劳伦斯这样想。看久了，她的脸也没那么恶心了。

他们于是在认识的第二个星期就躺在克劳伦斯家里的沙发

上一起看那部电影，乔万娜咯咯笑着钻进克劳伦斯的怀里，她蓬松的金色头发缠绕在克劳伦斯的手指间。克劳伦斯搂着乔万娜想，我果然真的不爱乔万娜。

克劳伦斯吻在乔万娜的额头上。

克劳伦斯在蒙眬间喊"乔万娜"。乔万娜答应他。

第二日乔万娜清晨梳洗的时候向他喊："卫生间的梳子可以用吗？"

那是乔万娜的梳子，可克劳伦斯明明记得他把它扔掉了。他从床上爬起来走进卫生间，接过乔万娜手里的梳子。

这把精雕细刻的木头梳子是克劳伦斯还是个穷小子的时候送给乔万娜的礼物，她喜欢而一直用到现在。

他看到梳子齿间缠绕的一根黑色的发丝。是乔万娜的头发。

那根头发落在他的手心里。

所有的回忆刹那间涌上心头。乔万娜清晨梳洗的样子，做早饭的样子，工作的样子，梳头的样子，躺在病床上的样子。所有他以为他不记得的、模糊的慢镜头一帧一帧在他的心里回放。卡顿的录影机嗡鸣作响，短路涌出的黑烟灌满他的胸腔。

乔万娜。他的妻子乔万娜。

两个星期前因为癌症过世的，他的妻子乔万娜。

乔万娜黑色的长发就像细密的浑浊泪水淌下来。

克劳伦斯突然崩溃大哭起来。他一边骂一边把梳子扔向墙壁，泪水模糊了他的整个视野，世界只有走马观花的绚丽色块，但他还是能分辨出乔万娜色彩鲜艳的牙刷牙杯和那块毛巾。他看着女明星乔万娜的脸，那股熟悉的恶心终于涌上来，他脱力地扶在马桶边呕吐，吐到嘴里发苦，吐到没有任何东西可以再吐。

他瘫倒在卫生间的瓷砖地板上号啕大哭，眼泪浸湿前襟，哭到昏睡过去。

克劳伦斯爬起来的时候乔万娜已经惶恐地逃离了他的家。他盯着摔在地上裂成两半的梳子和洗手台上落下的金发，仿佛看到了梦里乔万娜倒映在水中的脸。

——2024 届 Tisane

矛盾冲突二稿头脑风暴[①]

进阶版作者阐述

1. 如果以"抛出一个问题，通过故事讲述寻找答案"这种方式概括这次创作，你的那个问句是什么？

2. 这个问句的答案，即你这次创作的主题。那么——

（1）你在故事开端有埋藏伏笔吗？（抛出一个问题）

（2）讲述的过程，就是读者和作者共同为这个问题寻找答案的过程。

动词会是找寻过程中很重要的一个抓手。

你实际上采用的是哪个动词？

3. 初稿里你最喜欢的地方是哪里？或许这是你最值得保

[①] 《乔万娜》是在当堂计时创作中一蹴而就的。虽然理解好作品往往是改出来的，但 Tisane 在初稿之后也不知道再怎么修改为宜了。作者和作品的相遇相交往往是一种缘分。Tisane 这次经历无疑就是这句话的最好证明。

留的部分，可以从这里出发，去思考故事修改。

4. 现在，沿着名词-动词-形容词构成的那句话再将一遍故事脊椎（核心框架），你认为初稿的薄弱环节在哪儿？应该怎么修改？

进阶版读者互助

1. 真情实感夸这篇初稿！找出其中的珠玉。

2. 构想一个情节发展的思路，帮助作者解决"作者阐述4"里面的问题！

第四节　节奏

如果说"矛盾冲突"那一节关注的是，作者需要为叙事制造核心情节，并知道核心情节的"制高点"在哪儿；那么"节奏"这节是跳出来俯瞰整个叙事结构，理解情节推进的强弱节拍、详略分布。

想象一下任何一条你知道的河流——它的发源、它几经跌宕冲开沿途大地的势头、它在不同季节所呈现的迥然不同的面貌。它对于自身的命运不自知（和人类一样），但它却在生长的过程中逐渐形成了某些专属于自己的特质。如果说，故事作为时间艺术，也是在被讲述的过程中成形的，那我们可以以河流比拟故事。

一条河流拥有自己的节奏，所有有生命的物质也都有自己的节奏。这是指在规律中有变化又相呼应的态势。如果从头到尾没有变化，或者突兀得毫无缘由，那么它自身的生命力就被扼住了（想一下那些水泥铺底的人造水渠吧，它们没法拥有真正的生态系统），所谓美感以及生长的可能性也就没了。

当你讲述一个故事时，我建议你在心里同时感受一条河的流淌。

水的流动是时缓时急的。当遇到大石当道，河水就要使出浑身解数通过去。湍急的漩涡、腾空的水花释放了河的生命力，这番较量也可能改变河的力量和走向。你的故事，也要在那些关键处着重讲述，充分展示其生命力。因为每一次"冲突"分量、结局未知，所以你的"摄影机"必须被推到最贴近（事件）处，让动作放大，让细节显现。

而在此之前，你要留足伏笔（悬念），悬而未决，蓄力的过程才会赢得足够的关注和期待。

在此之后，你要感同身受能量释放之后的疲惫和放空。

这里的节奏，指的是整个的叙事节拍。如果你能够心领神会，也可以把这种感觉用于字里行间的文辞排布。

写故事不要过于用力，不要高压控制，也不要像拖着条死狗。要把你的故事当作有生命的事物那样看待。要允许人物身上发生你意料之外的事情，要允许情节脱出预设自行发展，要在故事里留出让读者自然喘息的空当。

故事的节奏就像呼吸。

任务 19：经典童话阅读理解

我以人人都知道的德国民间童话《小红帽》为例。

我用五句话浓缩了它的主要故事情节。每句话结束时，算是一个情节节点。从开头、发展到尾声，确保不漏掉任何主要内容。但是，大家都知道，这个故事真正好看之处，在某几句话的展开内容里。第二句里的对话，在读者心中吊起了悬念。第三句内发生的事情加重了这种悬念——小红帽的命运会怎样？第四句后发生的事情，我们每个字都不能错过，因为狼的血盆大口就在小红帽的鼻尖前!

五句话

1. 小红帽的妈妈让她带点心去探望外婆。
2. 在树林里,小红帽遇到了大灰狼,他们之间发生了一场对话。
3. 大灰狼赶在小红帽之前到了外婆家,把外婆吃了。
4. 小红帽在外婆床边,马上就要被大灰狼吃了。
5. 猎人来了,救了小红帽。

所以,如果以这五句话为主干去还原对故事的讲述,我们不是对每句话都使一样的力气。最需要把情节撑开、让读者在挂起问号和探寻谜底的过程中充分享受的,是第二句、第四句。(第三句对故事来说是重要的,但其中的事情没有直接发生在主人公小红帽身上。)而在这两句的内容中,讲述也还是有侧重点的。

这个故事从民间传说流传至今,有多个版本。每个版本背后是不同时代的文化特征。现在我们看到的这个版本是格林兄弟整理的,它很大程度上挪用了这个故事第一个书面版本(作者是夏尔·佩罗)的主旨:警告单纯、有教养的少女,切不可听信陌生人花言巧语的蒙骗。由此我们可以知道,为什么第二句和第四句承载了剧情之重。第二句里,小红帽初遇大灰狼,也初次向读者展示她天性单纯、易受骗。此时,她还没有直面任何危险,但这场戏里的对话为后面的危机埋下了伏笔。读者的心是从这里提起来的。

第四句那一场戏,则是小红帽直接面临生或者死的挑战。而她在对话中再次露出了儿童式的轻信无知,我们眼睁睁地看着她被狼吞掉了。这场戏是整个故事矛盾冲突最强的地方,是主人公被决定命运的时刻。

让我们仿照这个例子,做一次从五句话扩展出故事的练习吧。

给定的故事是这样的:夫妻两个人去民政局办离婚手续,路上发生了一些事,最后,婚没有离成(这次没有离成,以后会怎样不知)。

请围绕这句话发展出一个故事。

首先,你需要想出五句话的故事梗概。就像《小红帽》那样,一句话里包含一个(比较)重要的情节,五句话能包含全部内容。

接着,在这五句话中,选择最重要的一句话,扩展其中的内容。请想象事发当时的环境/氛围、人物对话和表情/肢体语言、看似微不足道的细节、人物内心的矛盾/外在的冲突。

然后,请在剩下的四句话中,再选择一句需要展开的内容。同样给它详尽的扩展,但要知道在故事讲述的重要程度上,这一句是次于上一句的。

最后,给剩下的三句补足必备的概括、介绍,让整个故事完整。

请把经过加工的内容放在一起,体会故事推进中的节奏起伏、详略把控。

创意写作课上小伙伴的习作

五句话

1. 一对夫妇因为性格不合,打算离婚。
2. 民政局的人说:你们离婚就会死,不能离。

3. 两人不信,办了离婚手续,当场去世。

3.1 两人的灵魂质问民政局的人这是怎么回事。

3.2 民政局的人告诉他们,结婚以后两人的本体是结婚证,办离婚手续的时候剪了结婚证,所以他们都死了。

3.3 两人询问不会死的离婚办法。

3.4 民政局的人说,没有别的办法,只能重新投胎做人。

3.5 两人不想投胎。

3.6 民政局的人说,那就复婚,可以复活,但是再离婚就不能故技重施了。

3.7 两人同意。

4. 民政局把复婚手续办了,两人复活。

4.1 两人发愣,问民政局:我们貌合神离,精神上的离婚会死吗?

4.2 民政局的人摇头。

4.3 两人齐道"妙哉",拿了复婚证离开。

5. 两人没有离婚。

CITY

蒋胜男坐在黄蓝色的出租车里,准备去离婚。

白色的楼,绿色的草地,灰色的楼,枣红色的墙。

"师傅,还有多久?"

"还有二十分钟吧。"

红白色的店牌,绿色的店牌,麦当劳。

拐了个弯。

灰楼,灰楼,黑楼,灰楼,又是黑楼。

车子慢了点，蒋胜男看见人行道上有几个低头走路的人。

有男有女，有老有少。

全都一身黑。

蒋胜男忽然想起有人穿黑婚纱离婚，是几年前的电影，还砸了戒指。

那是一种电影里的。

又不是八十年代的日本，现在还流行"乌鸦族"吗？可车窗只映出她的脸，蒋胜男看着自己深灰色的衬衫、黑色的裙子，还有出租车深褐色地毯上自己黑色的鞋子。

电影怎么能当真？

她摇下车窗，风不够强烈，她于是豪气万丈地笑了一声。

"哈！"

蒋胜男在不够强烈的风里给乔健发了封离婚延迟通知，又摇上车窗。

"师傅。"她喊。

"去天街吧。"她说。

"先不去民政局了。"她向后窝了窝，没有陷进座位里，可是心里十分惬意。

…………

呸。

蒋胜男想，她"嗒嗒"地走上民政局前的台阶，推开那扇玻璃门。

玻璃门后，张小丽嘴巴里进了一根头发。

"呸！"

张小丽的钱包在颤抖。

蒋胜男推开那扇玻璃门，看到前台的女人一只手摸着嘴、一只手攥着钱包。

张小丽记不清蒋胜男是穿什么颜色的衣服来的了，她就记得蒋胜男的高跟鞋很响，身上明晃晃的。有时候，张小丽和人讲蒋胜男应该是穿红色来的，有时候，她说好像是嫩绿色。

她虽然记不清，可她总是说："很热烈。"

蒋胜男来得很热烈。

"……您好。"蒋胜男"嗒嗒"地走向前台，看着黑色的姓名牌上的三个白字：张小丽。

"您好，请问您需要办理什么？"钱包放下了，头发吐出去了，张小丽笑着问。

嗡嗡……

"我来办理离婚手续。"

啊？

张小丽看着眼前的"明晃晃"，这女人是来离婚的？

嗡嗡……

"请问您的伴侣来了吗？"

蒋胜男点点头，转头看向坐在沙发上的男人。

黑色的沙发离前台不远，张小丽看到穿着深蓝色西装的男人正好抬起了头。

"你来了？"

"我来了。"

嗡嗡……张小丽看到女人往沙发走去，赶紧打开钱包。

手机在钱包里忽闪着绿色的眼睛。

一个未接来电和一条短信，来自同一个人。

张小丽抬眼看看离婚的两人：女人已经走到了男人跟前，男人跷起了二郎腿。她刚一低头，女人的高跟鞋正好又"嗒嗒"地响起来，张小丽心里一跳，把手机扣在桌子上。

张小丽挺直后背，看向逼近前台的两座"大山"："请两位出示一下身份证和结婚证。"

"蒋胜男。"——红色金字的结婚证。

"乔健。"——红色金字的结婚证。

"两位今天就要办理离婚吗？现在是十六点四十三分，民政局马上就要下班了，可能会比较仓促。"

"就今天。"乔健打断她。张小丽看见蒋胜男瞟了眼乔健后，向自己点了点头。

她也点点头，从右边第一个抽屉里拿出两份文件："请两位读一下知情书，同意的话签字。"

不出所料，蒋胜男和乔健都露出了疑惑的神色，但并没有开口问。

张小丽看着两人随意地翻了翻便唰唰签了字，拿起两人的证件和材料："请跟我来。"

三人在一道黑门前停下。

蒋胜男看到门牌上是"离婚室"三个白字，心里怪怪的，可是乔健在看这几个白字，没注意到她的目光。

张小丽推开门，把手里的东西交给法官。

蒋胜男脚下的"嗒嗒"停了下来。"法官?"想不到离婚室的格局和法庭一样,"我们已经协商好财产分配了。"

张小丽坐到记录员旁边的位置。

十六点四十六分。

法官开始提问:"您二位有孩子吗?"

摇头。

"父母都还健在吗?"

摇头。

"那么,有其他的兄弟姐妹或者其他有血缘关系、有资格继承二位财产的人吗?"

乔健抬头看向法官:"继承?"

法官不理他,"小丽,他们俩没读知情书吗?"

"他们想今天离婚,时间有些仓促,没让他们细读,是我的错。"

"那您二位今天就不要离了。"

"为什么?"还是乔健。

"离婚以后,您二位就死了,即使这样也要离婚吗?"

············

——2019 届 锐意善处

[扫码阅读全文]

《CITY》作者手绘的情节"心电图"

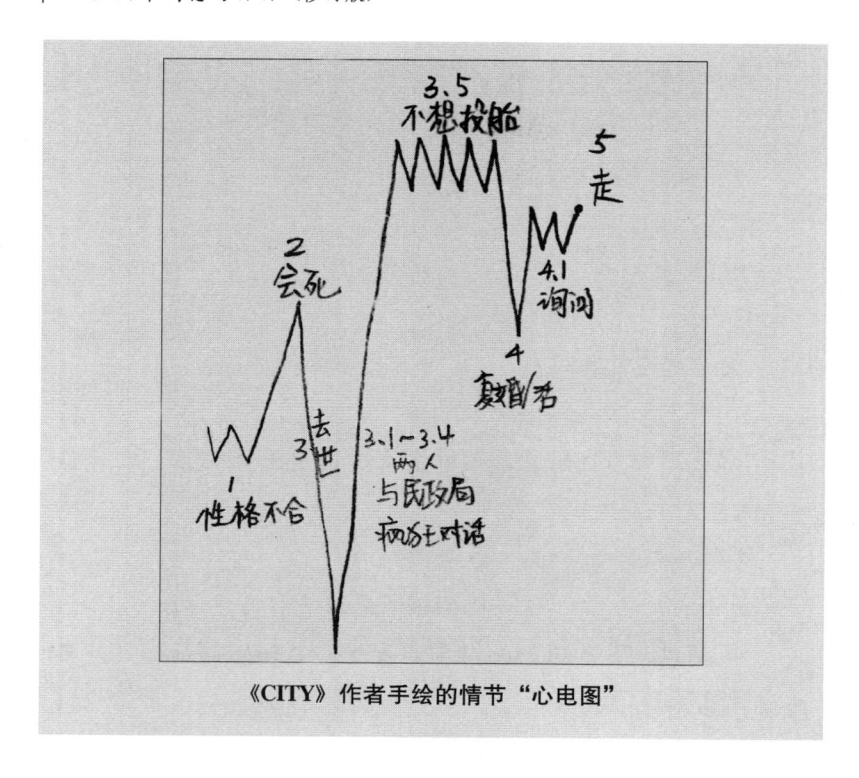

第五节 对话

对话这件事的有趣之处在于，它是故事里唯一让人物自己原原本本亮相的时刻。它是一个机会。

人物的其他一切（外貌、举止、行动），都是某个讲述者告诉我们的，即使这个讲述者是第一人称"我"，这也未必可信（比如讲述者可以在开篇告诉大家"我是一个坏女人"，在接下来的情节中回忆自己是如何在一个封闭落后的环境里被侮辱、被损害）。唯有对话，是没有办法做任何包装的。它把人物的脾气秉性、彼时彼刻的状态，赤裸裸地暴露在了读者面前。这太珍贵了。

也许正因为这样，在"主题先行"的文章里，是可以没有对话的。作者可以给人物安插对话，那些话有时不是人物想说，而是作者想说。

因此，我们要重新认识对话。

首先，对话要"像人话"。它要自然，并且合乎当时的情境。两个人走在一场夜雨过后湿漉漉的街上，其中一个人每走几步就要冒出一句"Oh shit!"。虽然隔着书页看不见，你也可以猜测路面上的污秽这一坨那一撮的（后面我们可能会得知，骂着"Oh shit"的这位正在面临一次被裁员的危机）。生活中，人们很少长篇大论地讲空话（除非此人性格如此。但旁人会一直忍受他吗?），不会动不动就暴露心中的秘密，也不会说话不带停顿（除非他非常激动，或者生理上处于非常状态）。

其次，这是个不应错过的机会——表露人物的性格与状态。不要让所有对话都好像出自一人之口（自然只能是作者本人）。

最后，不要让对话沦为你交代背景的工具（"你看，咱俩昨天吵架吵得多厉害，连镜子都砸了……"），那样不自然。而且，它有更重要的使命——

好的对话可以推进情节的发展。

请想象一下乒乓球比赛中，球被推来挡去的局面。生活中的对话可以是"口水话"，艺术作品里的对话（只要它是能够进行下去的）实际是对话双方能量的推挡。如果哪一方能量差得太远，球就打不下去了。对话体现的是关系中的互动。互动能够处于胶着状态，势必因为双方利益（广义上而言）不那么一致，比如一个渴求什么（爱/钱/某个秘诀……），另一个犹疑未定。我们可以观察一下，在一段对话的尾声，双方能量的对比产生了什么样的变化。

热身任务：经典电影配音

你留意过电影里的人物对白吗？和话剧不同，电影里的人物大都是"说人话"的。他们不会只身立于银幕正中，面朝观众席滔滔不绝。电影虽然被称为视听艺术，但显然两种感官中视觉的作用更处于显著地位。这决定了演员不能只是念台词，同时他可能还会有表情和肢体语言，画面的背景信息也是在流动的（比如一位垂死的印第安勇士抱着他的马头，最后一次与马儿喃喃低语，背景是草原、高山、持正规枪械迅速逼近的白人军队）。

另外，电影中的对白只是听上去"生活化"。好的编剧会让每一句对白包含有用的信息。它绝不会像生活中的真实情况那样充满无意义的重复、口水话。伴随着转瞬即逝的画面，对白必须紧凑、简约。

因此，你和你的小伙伴可以选择一个你们喜爱的电影片段，上演一场配音表演。

请选择戏剧冲突强烈的时刻，3~5分钟就可以。这个"强烈"不是一定要有枪战或者打斗，而是以对白的方式揭示和改变人物命运。例如一场酝酿经年但以失败告终的告白、一次针锋相对的挑衅、一通流畅的谎言以及背后深深的失望和容忍……你可以搭配表情和肢体语言，而且你需要注意呼吸的节奏和人物的心理状态。

要想让这个游戏更加有趣，你可以脱离原来的情节和人物设定，自己创作一个小剧本——一个完全由台词构成的小剧本。唯一不要改变的，是原剧中人物之间的那种能量关系。比如，创意写作课的小伙伴会把《飘》（又译作《乱世佳人》）中斯嘉丽向阿希礼告白那场戏，改编成一个学生苦苦恳求某个学霸，让他考试时帮助自己作弊。改换情景会推着我们去理解：一个人要有多渴望一样东西（分数、爱情……）才会苦苦请求另一个人，而希望的泡沫又是怎样在利益的对立间不出 20 句话就彻底破灭。

任务 20：创设情景的对话

创设一场对话，其中人物 A 怀揣秘密，他需要将之吐露给人物 B。也许,他会直截了当地说,或者因为情势或双方的关系,他感到很难直接把话说出来(例如:"妈,我想退学,专心打电竞"或"我知道你们上季度很拼,但公司现在是战略性调整……")。而 B 听到这个秘密后,又会作何反应呢?

创意写作课上小伙伴的习作

神:呼——

小蝌蚪:神?是你吗?是你吗?!

神:呼——

小蝌蚪:哦,我想你是……是……吧。

神:呼——

小蝌蚪:昨天小彩在海带里换衣服的时候,我真的没有偷看,请你相信——相信我。神,你在那里吗?

神:呼——我——在——听——

小蝌蚪:我能够坐下说吗,自从尾巴变小之后……你是知道的,我可以坐着。但是,真的——没有偷看。

神:呼——

小蝌蚪:也许你也已经知道了,我很快就要经历我的成年礼了。明天——对,就是明天!

我知道自己能够长大而且失去尾巴是一件值得骄傲的事情,但是我真的好担心,以后我不能再在小池塘的荷叶群下面和小彩玩了。说实话,你是不会怪我的,对吗?我不想像那些成年蛙一样成天咕呱咕呱叫。那样……

神:呼——呼——嗯——

第三章　你有讲故事的本能——如何理解叙事机制

小蝌蚪：（把自己双蹼合拢）神，我很高兴你能理解我。

神：呼——

小蝌蚪：我还想告诉你个秘密，其实是因为我还想说话。我真的、真的还没有说够，我……总感觉明天就再也……再也说不了一个字了！就好像我抛弃了小彩似的。真担心哪天她热情地叫住我的时候，她会说："嘿，小蝌蚪，你还在吗？"我只能朝她尴尬地笑笑，发出一声难听的"呱——"。

神：呼——有——人——说——过——

小蝌蚪：那不是显而易见的事实吗！

神：你——必——须——要——

小蝌蚪：没有啊，我从小就没有妈妈，不像小彩一样有她的妈妈会摇着她那色彩斑斓的尾巴教她……神，告诉我为什么吧。

神：每——天——叫——吗——呼——

小蝌蚪：不用吗？！那我岂不是不正常的？为什么？

神：你——只——有——

小蝌蚪：我真的想要说话！我不想咕咕呱呱的！

神：在——想——要——老——婆——

小蝌蚪：我……想要老婆哇！但是——呱！……你看，我已经开始……不能说话了，很快很快……我该怎么办！呱……我看——呱——不见你了！呱——好黑啊！呱——你在呱？

神：的——时——候——呼——

小蝌蚪：呱！

神：叫——就——好——呼——了

小蝌蚪：神——呱！神……骗人！呱！呱！我……呱！……

神：呼——哈——哈——哈——

小——蝌——蚪——

这——是——你——的——噩——梦——啊——

神——会——保——佑——

你——的——

——2019届 乙儿

第六节　意象

在语文课的文学作品赏析里,大家都接触过"意象"。它不那么好下定义,让人觉得"可意会而不可言传"。

意象不是故事中的标配,它更像是一种灵性的存在。但故事有了它,你会感到味道就是不一样。

我所知道的一个对意象的定义是,"可以被描述之物"。

这个定义出自《一年通往作家路:提高写作技巧的12堂课》[1]第五课"梦与写作"(首先不要搞错,是"意象",不是"意向")。如果用"细节"指代,人们会更容易理解。但我认为二者不能混为一谈。意象是故事世界里的一些物质信息,它可大可小,但都可以被人感知。意象可以是视觉的(颜色/形状/体积……)、听觉的、触觉的、味觉的和嗅觉的,例如一幢大楼的阴影、一抹光、婴儿哭声、电话铃声、一摊血、麋鹿角、一枚硬币。它在故事情节、情节的讲述里都看似处于边缘位置,但它会用自己的物质属性,微妙地呼应故事的讲述,以及故事的主旨。我有一个学生说得好:"意象是……把物质信息和故事精神层面的信息联结起来的事物。"

如果说故事是对生活的比喻,意象就是故事中的隐喻。它从

---

[1] 这本书由苏珊·M.蒂贝尔吉安著,由中国人民大学出版社于2013年出版。

审美层面提升了故事的魅力。有的写作者更在意情节之间的逻辑、主旨的高度这些故事硬实力建设，但如果尝试把意象放入其中，你会感到故事更加灵动莫测、可知可感。

任务 21：围绕一个意象的四个故事片段

想一个意象，如前所述，它是人们能够感知的事物。

与一般认为的不一样，我认为意象不应太特殊。只能在某些特殊的地方和时间出现，反而会限制它在故事里的参与和发挥（比如昙花）。

普通的事物就好，但是要具体。如果它是一枚戒指，那它是一个腆着大肚子、穿皮衣、梳背头、面相滋润得流油的中年男人手上的方形纯金戒指，还是六岁的小姑娘过家家模拟婚礼，在细小的食指根部晃荡的可乐瓶盖下的深蓝塑料圈？

从这个意象出发，构建四个故事片段，依次把它们写下来。

与其先入为主地"定义"和掌控意象在故事中的位置和作用，不如闭上眼睛，让自己细细感知这个意象的独特之处。当你想到这个意象时，你能不能想象到它可能出现的场景、具体画面、它周围正在发生的事情、在这个场景出现的人的样子？

让意象带领你，让故事自然而然地从意象中生发出来。

这四个故事片段最好毫无关联。反过来，你可以从讲述的手法、氛围、故事类型等方面进行四种完全不同的尝试。

提示：

说起意象，诗人和艺术电影的导演做得最好。诗人使用抽象的文字，却能在短暂的时间内，用意象纤细的触角唤醒我们的感知，让我们思考、回味。好的诗人使用意象，会让普通的事物化腐朽为神奇。

为何会陷入陈词滥调？一方面，是写作者没有抓住某一具体事物的独特之处；另一方面，是人们放弃了主动观察和体验后，重复使用别人用过千万次的说法。再好的比喻和描述，也经不起无数遍重复。因为事物本处在变动中，具有无数可能性。

因此，要想尽办法用你自己的语言去描述你亲身的观察。真实的肯定不会腐朽。

创意写作课上小伙伴的习作

番茄酱

（1）

男孩坐在石头上，叼着一袋番茄酱，看着地上那些肥得过头的麻雀，有点想戳一下它们的肚子，不过也是很诧异了：怎么能这么胖呢？这么胖竟然还能飞得起来？想着想着，麻雀就飞走了，还意外地灵活。男孩又抿了一口番茄酱，往上挤出了最后一点咸咸的又甜甜的酱汁，把这一个空袋子放在右手的口袋里，左手又去摸另一个口袋里的好几包番茄酱。指尖摸到了熟悉的尖尖的小锯齿，他捏着拿了出来，在两个小锯齿中间下手，撕下了一个小三角形。在嘴里，他轻轻地小口小口抿。

没事，反正麻雀在夏天又会瘦下来，不过看着不胖了也不好玩了。他盯着草丛里聚众跳跃的胖子们，突然，哗啦一下全飞走了。男孩转过身，好像是跟他一节课上的另一个男孩。

"喂，怎么没来上课啊？都已经下课了。"

唉，是的吧？刚刚下课铃确实响了。男孩只是使劲地抿了一口番茄酱。

"明明在学校，怎么还不来上课，你是不舒服吗？"

男孩有些僵住了，他不太想说话，也不想解释。番茄酱抑制不住地冲到嘴里，口水将番茄酱冲散到口中所有味觉感官，咸得腻人。他不停地咽着口水，想缓解这股刺激的腻味。却没啥办法，一波一波的酱汁不断涌来，喉咙甚至逐渐咸得酸痛。

"好吧，我先去上课了。你要是不舒服，就先回家吧。"

男孩等他走后，冲向了石头旁的书包，拎起了一瓶水，咕咚咕咚地漱下口，以洗刷这恶心的味道。

他含着一口水，望着校门。

不想回家，不想上课，什么都不想做，为什么人一定要做点什么？

草坪上好像又一动一动的，有细小的声音。

胖子们又回来了。

他扔下了水瓶，坐在石头上，咽下了那口水。

他坐了很久，觉得少了点什么。

于是又掏出了一包番茄酱。

唉，这该死的人生啊。

（2）

"老李！可等到你了，快坐快坐。"

老李放下了自己的公文包，看见自己多年未见的老朋友竟然没怎么变，发自内心地感到开心。

"大熊一点都没变啊，还是那个熊样。"

"怎么说话呢老李！你倒是老了很多啊。"

老李坐了下来，脱下了外套："服务员，帮我挂起来，谢谢"。

"挺像模像样了，老李，这个餐厅，不便宜吧？"

"说什么呢，今天我请客，敞开了吃。"

"好嘞，我可得好好敲你一笔！"

两人点完餐，灯光慢慢变暗了，只留下白色桌布上的小小的蜡烛发着黄光。

"听说你现在在做大买卖啊老李，恭喜你啊，当年我就觉得你脑子那么好使，肯定能做大生意的。"

"唉，现在我其实只想赶紧休息一段时间，真的，什么都得管，太累了。"

老李喝了口杯中的葡萄酒，看着熊本杯子里的酒一点也没动，突然想起了什么。

"对了，你是不是不喝酒，曾经你不是那个……"

"对，我现在还戒着呢。"熊本笑了笑，"你也知道，我再也不想喝醉了。"

老李慢慢放下了酒杯。

"不提了不提了，你现在在干吗呢？"

"还能干吗？还在电视台工作啊。"

"在搞专访？可以啊，当年你不就嚷嚷着要去电视台。"

"羡慕我吧？你这人，当年还说跟我一起去呢，啧，看你现在赚得这么多，肯定也不想来了。"

老李笑着，望着烛光摇摇晃晃。服务员这时端着几个小碟上菜了。

"大熊快尝尝,这个可以蘸好几种酱料,这是鳄梨酱、桑巴酱、罗勒酱,啊,这个是凯撒酱。"

"吃着呢吃着呢,你也吃。"

"我经常来这儿,你就多吃点吧。"

"没有番茄酱吗?"

老李愣了一下:"有,肯定有,我给你要。"

"服务员,有番茄酱吗?谢谢。"

熊本蘸了一下。"还是番茄酱最好吃啊,你尝尝。"

老李把手伸了过去,他好像很久没有吃过或蘸过番茄酱了,熊本还是那副熊样,在烛光下期待地看着自己,像以前那样,单纯地笑着。

"怎么样,是不是还可以啊?我这人,连吃比萨也要蘸着番茄酱,真是个口味太重不过倒也好满足的人,真不错,怎么了老李,是不好吃吗?老李你这是怎么了?"

"没事大熊,很好吃,真的很好吃。"

(3)

"受死吧!提伯尔特!"

阿饼跪在了地上,捂着被刺中的腹部,"血液"从腹部慢慢地扩散,阿金拿着剑的双手有些颤抖,但眼神坚定地望着观众席,等待着自己的定点光。

"没错!我罗密欧……"

"停一下啊,演得挺好的,但道具组!那个谁,小强呢?"

"来了!"

小强跑上了舞台的一角。

阿饼站了起来，有些厌恶地扯了扯自己的白衬衫："吴导，我能换个衣服吗？"

"不行，你就坚持一会儿都不行啊？导演跟道具组说话呢。"阿金揣着剑，有些不屑地看着阿饼。

"导演！你不用管他！"

吴烟都没打算看这俩人，他本来也没想管。

"道具组，是这样的啊，我当时说好是用假血，现在我感觉不是假血，你看这血都流不出来。"

"没错，我们又换成了番茄酱，吴导。"

"不是，什么时候我说要换成番茄酱了？"

"不是您说的，是阿饼吧？是他说的。"

吴导叹了口气，跳上舞台，走到了正坐在地上的阿饼面前。

"你又怎么了？假血不行吗，为啥非要番茄酱？"

"我们用的不是假血吗？那个闻着好奇怪啊，到时候也不容易清洗。"

"阿饼，你就死一次，死一次你就下台了，你在意那么多干什么。"

"不是，导演，你怪我干吗？我当时提议使用食用红色素，我觉得这比什么番茄酱好多了。"

"那怎么又变成番茄酱了呢？"

"我的错，吴导……"阿金在一旁怯怯地举起了手，手拿着的剑还滴着番茄酱。

"番茄酱没调好的时候还不像血，我看有一大盆放在那，旁边又有小杯子，就拿来喝了，其实味道真的还不错。喝了太多，现在他们要再制就不够了……不过！番茄酱是我自己从家里拿来的，就当是补偿了。"

"搞了半天是你小子的错啊！"阿饼一下子站了起来，"你没听吴导说番茄酱不行吗！番茄酱能有血的效果吗？"

"阿饼你也没资格说阿金！就你天天这么多事！"

"我没有啊！我最初……"三个人在台上吵得谁也听不见谁，但谁都抢着说话。

"别吵了！"阿金愤怒地挥了挥手中的剑，划到了吴导的头，他倒在了"血"里。

"吴导！吴导没事吧？不会啊，我这剑不是真的啊。"

"阿金你干吗呢！"

"你懂什么啊阿饼，还不是因为你老烦我！"

两人同时蹲下，吴导捂着头，看看满手的红色，有些发愣。他看着阿金阿饼又开始吵架了，愤怒地坐了起来。

"你们这些蠢货！好好看看清楚！这他妈是番茄酱！"

两人愣在那里，吴导有些头晕。他慢慢站了起来，走到台下。

"小强，就用番茄酱吧，效果还可以。"

（4）

"市民们！现在我在的拉布岛上，正在下雨，颜色您可以看到，是红色的！对！您没有看错，是红色的！是从天而降的番茄酱！这个奇迹是小岛居民们也没有想到的！现在已经有人尝试食用了，并进行了成分分析，已经确保无毒无害！现在对居民来说，吃热狗薯条都不需要去商店购买番茄酱了，只要在外面散个步，就可以拥有美味的酱料！"

波比站在门外，难以置信地看着天上掉落的红色。成功了！终于成功了！她张开了双臂，张大了嘴——咸咸的，带着一丝甜味，还有特有的一点迷迭香气，是以前老波比餐厅的味道！波比靠在了门框上，慢慢地坐了下来，看着窗外的人滑稽地拿出汉堡、面包、薯条各种食物接着番茄酱，甚至好多人撞在了一起，又绊倒了更多人。大家满足地吃着食物，一定是不一般的滋味吧，波比幸福地笑着。

她摸着门框，把脸靠了过去。爸爸的愿望终于实现了呢，不对，是我们的愿望。

顺着门框往上，可以看到餐厅的招牌已经有些破旧了，但红色的字依然醒目，上面写着"BOBBY'S"。

——2019届 南二也

👉 给教师的建议

1. 对于学生来说，叙事最难的就是主动制造情节的推动力。囿于年龄和阅历，就像他们经常宅在自我的世界、捧着手机一样，学生习惯于让人物坐在那里自说自话。教学的核心应放在帮助学生寻找和打造"动词"。学生在其中也能体会到勇气和行动的重要性。

2. 创作时引导学生做头脑风暴，是很实际的帮助方式。

3. 没有写作者不渴望他人的正向反馈。同伴互评是教学的重要助力。手把手带领学生学习互评，你会发现安全感的问题始终存在。

4. 字数、题材、类型都不是最重要的。鼓励学生想自己所想、写自己所写，每个人的底气、胸襟、兴趣点和思想深度自然会流露。

第四章

你那些不能停止的思考
——如何确立主题

好的写作者，一定是个思想者。

总有学生问：我为什么不能写得如某人一样深刻、如某人一样独特？除了观察、修辞和叙事能力，这里还有一种能力，即从对日常生活的观察和体验中不断提炼所得并思考的能力。久而久之，观察上升为一种"洞察力"。思考开启深度的求索。而文学/艺术创作，是很好的"制造提问-寻求解答"模式。诚然，并不是一篇作品完成，人的思维就能发生翻天覆地的变化。前面说过，实践出真知。而创作是介于"只是坐着想想"和"行动起来改变现状"之间的一步。但我们足不出户，成本相对低，就得到一个机会，借助文字之类的工具推进自己对人生的思考和发现，好像繁忙戏目中一次珍贵的幕间休息。

有个作家说得好：创作往往发生在我们完全已知和完全未知的领域之间。因此，创作的实质就是借助叙事之类的工具，把已知信息整合加工，以此求得一些自己原本未知的信息。所谓创造性，就是这样一个从无中生出有的过程。它不是凭空虚构，而是基于经验的思考，基于困惑的找寻。

所以，真正的写作者首先为自己而写。他写作，因为他渴望找到一些关于人生的答案。从这个意义上，创作是诚实和勇气的体现。

也因此，所谓主题不应该像标签一样贴在作品结尾处，也不是口号。它最好随着情节的推进抽丝剥茧般浮出水面。灵魂拷问——这才是创作中最难的事。

思考是没法教的。但我们可以学习从无意识、被动地产生想法转为主动、持续地思考。在这一章里，我们借助寻找自己生命的谜题，开启对于主题的学习。我们可以更深入地体会，写作这件事是如何把小小的自我和广阔的外部世界、把感性的情绪/感知和理性分析有机结合，以及深入思考的痛与乐。

第一节　持续发问

有价值的主题来自持续有力的思考。而持续有力的思考来自对答案的真实渴求。

我们从出生、感知到周遭起，可以说没有一刻停止过探索。渴望获取更多信息，弄明白表象背后的"为什么"和"又怎样"，是生命自我发展的本能。可说起自己，人们往往不知从何说起。对外界给予的标签，你不一定甘愿接受——那是刻板印象。但真实的自己到底是怎样的？你宁可让它一直是个问号。

其中有个原因，即很多人认为自己很普通，"没什么可说的"。没有特别的戏剧性甚至疤痕与沟壑隐藏其中，不说也罢。寻常人，有什么值得一写？谁在意？可谁又不是这样？日子过得混沌，时不时在迷茫中挣扎。这是生活真实的样子。每一个看似无奇的山头或河畔，都有着自己的四季变化，有着自己的谜题。这份幽深的问号，你自己不去求解，还有谁能为你解？写自己，更多就是为了自己。有些事不去倾诉与梳理，无法弄明白。更何况，如果不写下来，很多时候游丝般的思考就缠绕着你，让你只是抓挠，无法停止。

热身任务：关于自我的调查问卷

呵！这份问卷长达 125 道题。

它分三部分，从日常习惯喜好逐步深入到观念性的话题，涉及你生命中的"是什么？""为什么？"和"又怎样？"

你可以在每一部分挑选 5~15 个问题作答。当你摊开纸笔写下来，而不是随意想一个答案就滑到下一题，你会发现即使一些看似简单的小问题也不好答。字数在其次，为了遵守"诚实作答"的原则，你真需要闭上眼睛，好好想一想。

一

1. 最喜欢的食物清单（1~5）。
2. 你喜欢穿什么类型的鞋子？最喜欢的一双鞋？
3. 打开你的衣柜，里面的衣服有什么独属于你的风格特征吗？
4. 如果去书店（或者商场），你会钻到哪个区域里不走？
5. 如果你是一条狗/猫，你可能是哪个品种的？
6. 你手机里最珍贵的内容是什么？
7. 你的钱包（里外）是什么样子的？
8. 你最喜欢玩的游戏是什么？
9. 如果家里失火，什么物品是你觉得最宝贵、务必要抢救出来的？
10. 哪一类的自然景观会让你觉得想待在那里不走？
11. 这个世界上，你最想去的地方是哪里？
12. 历史上哪个时代最能引起你的兴趣？
13. 你能完美且毫不费力地记住什么样的信息？
14. 你的朋友会就哪类事情向你征求意见、索取建议？

15. 什么能让你最大声地笑出来？

16. 什么环境会让你感到困得睁不开眼，觉得自己在滑入睡眠状态？

17. 你通常释放压力的方式是什么（它们通常奏效吗?）？你理想中释放压力的方式呢？

18. 如果你感到伤心或者失意，什么事情会让你瞬间被治愈？什么事情会让你真正好起来（不排除和前者是同一事情）？

19. 如果有一整天或者一个晚上的空闲时间，你会做什么？

20. 等人/或者排队等候时，你习惯做什么？

21. 写作业时，你有什么微小的习惯？

22. 小块的空闲时间你一般是怎么打发的？

23. 临睡前的习惯。

24. 洗澡/洗漱时的习惯。

25. 生日通常会怎么过？

26. 曾经纠缠过你的慢性疾病是什么？现在好了吗？

27. 你最害怕什么样的疾病？

28. 喜欢的运动方式。

29. 什么样的作息安排会让你比较舒适？

30. 你喜欢与动植物为伴吗？你和它们的关系是怎样的？

31. 喜欢或厌恶的说辞。

32. 如果没有网络，你会活得比现在更好还是更糟？

33. 能够被你称作"好朋友"的有几个人？"普通朋友"呢？

二

1. 提到童年，脑海里第一个跳出来的画面是什么？
2. 童年卧室里的三样东西。
3. 最珍爱的玩具。
4. 一直收藏着的东西。
5. 你拥有的最旧的一样物品。
6. 最珍爱的照片。
7. 儿时幼儿园/小区游乐设施里你最喜欢的那个。
8. 小时候你有一个特殊的藏身之所或者安全的地方吗？它是什么样的？你为什么去那里？
9. 一个你遗失之物。
10. 一个你失而复得之物。
11. 分别用3个词描述你的主要家庭成员。
12. 关于父亲，一个最让你难忘的记忆片段。
13. 关于母亲，一个最让你难忘的记忆片段。
14. 你与父亲最相似之处。
15. 你与母亲最相似之处。
16. 讲述一个你家庭内的餐桌文化。
17. 描述一种记忆中的气味。
18. 家里你最爱的那个人的一句口头禅。
19. 收到过的礼物中最喜欢的那个。
20. 一个对你产生过巨大影响的地方。
21. 一次期待落空的经历。
22. 童年接送你去幼儿园的人是谁？他/她和你之间有什

么默契的小小习惯吗？

23. 什么样的故事如果你讲出来的话，家人将永远不会原谅你？

24. 你小学的时候就听人说过，而现在依然相信的道理是什么？

25. 该扔却没有扔掉之物。

26. 不该扔掉却被你扔掉之物。

27. 你是如何习得某项技能的？

28. 一个给你启发或者鼓励的人。

29. 如果只能保存一段记忆，你愿意它是哪一段？

30. 你父亲的坏习惯。

31. 你母亲的坏习惯。

32. 描述你第一次在海里游泳时听到的声音、闻到的气味。

33. 你最嫉妒的人是谁？

34. 你感到最可耻的事是什么？

35. 描述自己的坏习惯之一，以及从中得到快感的原因。

36. 描述你明白自己不再是孩子的那一刻。那是什么时候？发生了什么事？那一刻你的心情如何？

37. 你曾经常做、现在却不再做的事情。

38. "从那以后，我再也没有那样的感觉……"

39. 描述你身体的一道伤疤。它是什么时候、在什么情况下造成的？

40. 童年你非常不情愿做的一件事。

41. 童年你非常喜欢做的一件事。

三

1. 如果把灵魂比拟为一物品，你的灵魂像什么？
2. 什么样的诱惑是你无法抗拒的？
3. 你还没有原谅谁？
4. 你说过但还没有被发现的谎言。
5. 是否曾经被什么信仰迷住过？后来发生了什么？
6. 你生命中遇到过的最大挑战是什么？你是怎么度过的？
7. 什么事会让你心碎？这样的事迄今为止发生过吗？你安然度过了吗？
8. 如果可以给自己创造一个假想的朋友，你的他/她是什么样的？
9. 谁会让你即使在忙碌中，停下手中的事为他/她耽误一些时间也不觉得懊恼？/谁会让你随叫随到？
10. 什么事你即使在很疲劳的状态下也是一听到就想要去做的（除了睡觉）？
11. 写下未来5年、10年、30年自己期待的事情。
12. 写下未来5年、10年、30年自己担心的事情。
13. 做过的最艰难的决定。
14. 你让别人哭泣的一次。
15. 别人让你哭泣的一次。
16. 什么样的事会惹恼你？
17. 你想要深入了解的事。
18. 最不想做的事情。
19. 你拥有的小小的特殊技能。
20. 别人不了解你之处。

21. 今生必做之事清单。
22. 描述你所爱的人的身体的某个部位。
23. 最忌讳别人怎样形容你?
24. 最开心别人怎样形容你?
25. 当爱好和现实利益发生冲突时,你曾经是如何抉择的?未来,当这样的事情再次发生时,你希望自己能够怎么抉择?
26. 什么事情会让你失眠?
27. 什么时候你会最脆弱?
28. 什么事情会让你心潮澎湃?(也许不止一个,请列举前三名)
29. 曾经最深的爱好是什么?它现在地位依旧吗?
30. 什么样的人生会让你觉得不值得一过,甚至放弃生命?
31. 什么样的事情会让你即使非常艰苦,也愿意为之付出努力,甚至付出代价?
32. 世上有让你愿意为之(主动地)付出生命的人或者事物吗?是谁/什么?
33. 列出三条别人眼中的你和自己眼中自己的差别。
34. 列出三条你眼中自己和心目中理想自我的差别。
35. 讲一件你和他人观点不同的事情。
36. 什么事让你感到恐惧?
37. 暑假里你有什么通常会做的事情?
38. 有什么电影/书/人改变了你的生活吗?
39. 别人对你说过的最刻薄的话。
40. 每次说出来都让你后悔的话。

41. 死亡对你来说意味着什么?

42. 如果可以,选择自己的死亡方式。

43. 假如你的生命只剩下一周,你会用来做什么?

44. 请为自己写一份讣告,或者墓志铭。

45. 你对理想伴侣的想象。

46. 谁都没有对你说过的话。

47. 如果给一位陌生人写信,分享自己的人生经验,你想要给他/她的最主要经验是什么?

48. 假如有一年的时间无法说话,你将怎么和人沟通?这对你的人际关系将造成怎样的影响?有哪些话你会留到年终说?

49. 三个你确实不知道答案的问题。

50. 长大以后,你最想成为谁那样的人?

51. 如果创作一本以自己为主角的漫画书,你会把自己这个人物打造成什么样(外貌特征、发型和着装风格、口头禅、癖好、性格中的优势和劣势、着迷的事物)?

你猜怎样?我和我的一些学生不约而同发现,写下来的答案跟我们自以为的自己——颇为不同。

任务 22:童年的厨房[①]

此刻,请闭上眼睛,回到你记事以来家里的第一个厨房。它大致的方位和格局是什么样的?门窗在哪里?瓷砖是什么颜色

[①] 这个练习参考了艾利斯的《开始写吧!:非虚构文学创作》中的"你的第一个厨房"。

的？你可以拿出一张纸，潦草画出它的基本样貌。橱柜的高度、吊灯的形状，因为是塔楼所以不规则的厨房整体形状……

当你允许自己再次置身其中，越来越多的事物从身旁浮现出来。窗台上的塑料花瓣油渍暗沉，抽屉深处藏着军用水壶火柴盒与半截蜡烛头，门后靠着成捆的葱，水缸上的白铁皮舀勺……把纸翻到背面，像去超市购物前一样拉个清单，你可以把所有记起的物品名称写下来。

记忆之门被打开了！朦胧地，你记起了冬天站在窗口看着北风发狂杨树枝大力弹动的夜晚，记起了因为爷爷磕到头所以用医用药膏包起的橱柜角，记起了父母在灶前的生气争吵（妈妈穿着她那件做饭时的红毛衣）以及那位昙花一现的小保姆的害羞寡言。请动笔吧。沿记忆涌出的顺序，你可以把这一切都写下来。

厨房不仅是一家人填饱肚皮的操作重地。当我们回想起那些旧物的摆设、脱落半扇的门框，我们实际上被唤醒的是养育自己长大的家庭里，人们的亲缘关系和相处模式。做菜的口味和归家时间背后，是那个小宇宙独有的味道。

请不要把它写成售楼处的推销词。家家都有厨房，这并不是面向外人的介绍。也不要因为懒而选择性忽略炉子上的牛奶糊味、光线印在地板上的不规则图案。这是你生命的发源地，它指向我们童年生活的底色。

如果，童年的家里对于你来说更重要的不是厨房，而是大卧室或者阳台，你也可以换一处空间来写。不管是洗衣粉味儿还是定点响起的《大风车》主题曲，都是神奇的手，拉着我们让身体急剧缩小、掉入时空隧道。

创意写作课上小伙伴的习作

童年的厨房

其一

那个画面只是从一个角度,可能是奶奶或者妈妈抱着我站在那里的一小会儿留下的。

我觉得那个厨房没有门,很宽阔,但我对左半边没有任何印象。厨房在一楼。

感觉右面采光很好,可能是大玻璃窗,对着院子。可能还有窗外的竹子和辛巴。

正对着的是一个岛台,我真的觉得是类似花灰大理石台面的一个,可能是矩形,也可能有拐个弯的圆角,不矮,站着用的那种,但我居然是俯视。而这个画面如果存在,应该属于两岁半以前的我。

跨过岛台,再往里到底,是墙。墙上有一排柜子,挂起来的,灰白和浅黄的柜门交错着,亮面的。

柜子里面有当时喝的奶粉?一位我没有任何印象的阿姨在忙叨。

柜子下面是洗手台还是什么,一长条啊,包括了洗手台,下面或许是碗柜。

采光很好,全都亮晶晶的。

不过,从那客厅的照片来看,整个家都应该是深色系、欧式、复古的。

不知道我这配色是哪来的。

说起来，倒有点像后来搬家后我卧室的颜色了。

真的假的，谁知道呢。

——2021届 若文

其二

我真的对厨房的记忆很模糊啊。小的时候，妈妈因为怕我进了厨房碰刀子碰火，都不敢让我进去……我对它所有的印象都来自站在门外往里面偷偷看时的场面，还有妈妈去上班时我偷偷进去东摸摸、西摸摸所带来的感受。

回忆三四岁时候的事情，感觉所有东西周围都被虚化了，有一圈光环，所有的场景都好像是只能透过磨砂的玻璃窥视模糊的影子。

厨房是长方形结构，非常老旧的白炽灯灯泡。煤气灶总是打不着火，家里常备打火机和火柴。墙上挂着一件蓝色的围裙，但我觉得妈妈从来没有用过它，因为它总是很干净。但是，厨房里的东西好像除了围裙都挺脏的，油烟机按键和瓶瓶罐罐都特别黏。

高压锅以前常用，每次肉要炖熟了的时候，水汽从孔里冒出来的尖厉的声音总是让我很害怕，感觉厨房里有个怪物。

小时候的厨房里还有很多怪物：冰箱里的八角，黑乎乎的水壶，两把沾着食物残渣的刀，还有一团团的钢丝球。厨房在小时候的我的眼里从来不是一个有意思的地方。

但是，仍然有很多有意思的事物。家里比较与众不同的东西几乎都和饺子有关系。比如说三根擀面杖：两根是真擀面杖，木头做的，实心；一根其实是个水管。还有那种由许多高粱秆子编制成的扁平的大大的盘子，用来放置盛好的饺子。我妈妈是真的喜欢吃饺子，从以前到现在。

另外，家里常备面粉，大部分的饺子皮和面条是用它做出来的。小的时候，妈妈经常带我去小区外一个小作坊，找人把面团捻成面条。那个房子里灯特别暗，地上没有铺地砖，墙面也没有刷漆，人挤人。里面放着一台机器，一头向上敞着一个大口，一头有许多孔洞。面团放进上面的口里，手在旁边的把手上摇啊摇，另一头就会出来粗的圆面条。

现在，家里这些东西都没了，面条和饺子皮直接买，甚至饺子都直接买。但是，厨房还是很脏，瓶瓶罐罐还是发黏。我们家越来越懒了。

——2018届 巩成宜

任务23：与身体的对谈（一）——走进你身体的隐秘世界

这是谁的手？

仔细打量你的手。

五指张开，感受它的绷紧。攥拳，气流和力量如何从缝隙间穿过？

端详你的指甲，你怎么描述它们的形状？看上去健康吗？曾经享受过美甲，还是受过伤？你有啃指甲的习惯吗？

数一数血管凸起与痣、青筋、伤疤。

翻过来看掌心，你的掌纹有什么特点？有茧子吗？指肚饱满吗（据说这反映着你的健康情况）？朋友帮你"算命"时怎么说的？

轻轻摩擦，哪里粗糙或者皱褶特别多？

放在脸颊和手臂上，感受从指到掌的温度变化。你爱出汗吗？

闻一闻，手上残留着什么气味？你习惯涂什么牌子的护手霜？谁给你买的？

你习惯和擅长用手做什么？弹琴还是打游戏？你注视过自己的手指怎么上下翻动吗？

你不擅长用手做什么？

对于这双手，你满意吗？他人都是怎么评价它们的呢？

把手掌倒过来，指尖朝向心脏，好像端着其他人的手——看上去，它们的主人是什么样的人呢？

这是谁的身体？

请打量自己的身体。

皮肤（肤色、青春痘、多毛、瘢痕……）。

眼睛（形状、颜色、眼皮、美瞳、近视。谁夸过你的眼睛？你希望自己拥有一双什么样的眼睛？）。

头发（发质、发型、染色。你希望拥有什么样的发质和发型？头发给你惹的麻烦？）。

耳朵（耳洞、耳垂、中耳炎、招风耳、神奇/失去的听力……）。

指甲（某种恶习、甲沟炎、美甲）。

嘴唇（唇型、唇膏色号、撕唇皮。你会为什么事撕唇皮？）。

牙齿（牙疼/看牙的经历、智齿、兔子牙）。

身高（关于身高的执念、家人期待与遗传……）。

血（鼻血、经血、第一次看到自己的血……）。

脚踝（打篮球者的习惯性骨折、结实的脚踝）。

腿（腿太粗了吗？长筒袜与冬天的裙装、腿毛、膝盖不好……结实的股四头肌）。

颈椎（颈前倾）。

脸型、肚脐、脚趾、骨头、乳房、体重……

过敏性鼻炎、晕车、呕吐、骨折、慢性胃疼、痛经、害怕挠痒痒、害怕身体接触、失眠、一道伤疤伤口、口腔溃疡、喜欢蹦极、文身、弱视、牙套、OK镜、肌肉拉伤、哮喘、啃指甲、减肥、脐环、容貌焦虑……

关于身体的调查问卷

1. 关于你的身体，你最自豪的是哪个部位？为什么（符合大众审美？被夸赞？好使？不惹麻烦……）？

2. 你最不自信的是哪个部位？为什么？

3. 你比较讨厌的先天条件包括哪些？你为什么讨厌它们？

4. 从小，你很擅长用身体做什么样的事情？

比拼柔韧度、奔跑、起舞、熬夜、弹跳、闻香气、捕捉声音……

5. 从小，你的身体就不擅长做什么事情？

长途旅行坐车、吃绿色蔬菜、蹲起、快速反应、被陌生人触碰、丢到春天的花粉世界里……

6. 你身体的哪部分曾被人诟病（例如家人）？

7. 为了某些目的，你折磨过自己的身体吗？比如说……后果如何？

8. 你非常喜欢用身体来做什么样的事情？

睡觉、玩水、高空速降、拥抱他人的身体……

9. 你非常不情愿用身体来做什么样的事情？

憋气、和他人大力撞击、起舞、久站不动……

10. 你的身体容易被哪一/几类的疾病侵袭？你认为这代表了你哪方面有薄弱环节？

过敏、感冒、体育运动中的拉伤或扭伤、针眼、口疮、脚气、痛经、肠胃炎……

11. 你比较担心自己未来在哪个或哪些方面患病？

心脏、高血压、癌症、心理疾病、失明、耳聋、慢性胃炎……

12. 你还没尝试，不过很想尝试的奇妙的使用身体的方式包括什么？

文身、撸大熊猫、拥抱一个异性、蹦极、在北极住帐篷、攀登珠峰、玩降落伞、睡 24 小时……

13. 你认为怎样能让自己的身体处在最放松的状态？

14. 你认为怎样能让自己的身体处在最佳状态？

15. 你讨厌/害怕什么样的身体痛苦？请具体描述。

16. 你的身体能忍受什么某些人不能忍受的痛苦吗？

特别冷、特别湿热、颠簸、旋转……

17. 你理想中的某个身体部位是什么样的？现实中的呢？你认为自己可能通过行动改变现状或者弥补差距吗？你会致力于此吗？为什么？

18. 你小时候的身体状况跟现在的有什么不同之处？这反映了这些年你怎样的成长轨迹？

19. 从身体状况能看出自己有什么样的气质和精神状态吗？

20. 如果可以，你愿意为自己的灵魂搭配怎样一副身体？

21. 如果可以，你愿意给自己的身体搭配怎样一副灵魂？

请从以上问题中挑选3个详细讲述。答案可以包含锁上门的对镜观察、心电图、回忆、倾诉、视力检查单、妈妈的絮叨、自我认知与外界评价之间飘忽不定的情绪。

创意写作课上小伙伴的习作

隐秘的痛苦

我有一种隐秘的痛苦。我羞于开口，以至于将它公之于众是非常痛苦的。那就是抠手指的怪癖。

对我来说，它并不是强迫症、恶意的自残或是为了模仿装酷的非主流行为，只是一种常在我最紧张或是最放松状态下，无意表现出来的小小癖好。把掀起来或者凸出的一块皮肤往后拉扯至掉落，露出一小块粉红崭新的皮肤。只有小部分情况下会流血，毕竟撕扯的手不是机器，可以精准到一分一毫。指甲根部的皮肤最容易出现这种情况，红艳艳的血顺着边缘流到指甲上。清洗完伤口处还是会有血，然后它迅速凝结成黑色的小疙瘩，昭示着我的"罪行"。

而我深深地怨恨这种疼痛。我从不认为疼痛有什么快感可言，更何况是指尖。密密麻麻不断从尖端神经传来的疼痛感，或偶然碰到沐浴液时突然的痛觉，以及在不断忍受这种疼痛下的麻木感，让我去怨恨它。我当然尝试过去改正这种怪癖，也的确成功过，但指尖偶尔传来的痒意很容易打破这种表面上的成功。

然后是快要听腻的指责和真诚的劝导，这些比指尖的一块皮肤要沉重太多。"容易感染细菌、脏、丑陋、不雅。"它们堆积在指尖上，随着我掀开成茧的皮，它们的重量感越来越清晰。我被强行归入一类，和我有着相似的爱抠手指的癖好的一类。当有"同类"惊喜地说出"你也是"的时候，它被彻底打上了隐秘和不齿的标签。

耻于把它说出口，被另类地对待，这些让我感到沉重和持续的不安。以至于我时刻被它压迫着，每逢被问起就支吾着，哪怕是无意的询问。这似乎是一种多么大的耻辱。

人们似乎很愿意将正常和不正常做一个鲜明的划分，而身体在这种划分下的耻辱和自卑感，往往比那些流血的疼痛要记得更久一点。

——2022 届 小中

任务 24：与身体的对谈（二）——动词！动词！

请花一点时间回想，在大多数的具体时刻，你的身体是怎样有意无意地"动"着的呢？（睡觉也算一种"动"）

就像当我们想到农夫,他们俯仰于土地上的身体动势,隐喻了他们为生存而调动全副肌肉发力的沉重,以及起伏间狭窄视野对心智的束缚。你能否找到关于自己生命的动词?它(们)既是实指,也是一种关于你(某个阶段)的生命隐喻。或许你根本不或甚少从事体力劳动。不过,在人群之外向后再向后缩起肩膀、不合时宜的咳嗽、盯视,也都是"动词"。

> 1. 回忆,很久以前(童年,或者小学时期,或者就是与这个阶段不同的之前的阶段)你的身体常常做着什么样的动作?
>
> 例如:跑、跳、弹拨、拾捡、蹬、出击、挥、撞击、摔、抚摸、哭、笑、荡秋千、滑(滑梯)、转(呼啦圈)……请找2~3个词写一写(你可以找彼此矛盾的词)。
>
> 在做这些运动时,你的身体有什么具体的甚至细微的感知?例如:风拂过的感受、屈膝-发力的感受、持续用力直到痉挛的感受……
>
> 这是你非常喜欢(感到舒服)、很愿意去做的动作吗?
>
> 做的时候,你有什么自己独特的方式吗?
>
> 你是持续地做这些事吗?直到什么时候?
>
> 随着时间的推移,你做事的方式有什么变化?
>
> 2. 现在这段时间的你,除了伏案写作业,还有什么爱好或者常做/不得不做的事?
>
> 例如:骑行、K 歌、凝视机场的天空(并且被飞机起降的轰鸣震得面部肌肉微微颤抖)、击打棒球、做手账、烘焙、冲

澡……请找2~3个词写一写。

在做这些事情时,你的身体是怎么发挥作用的?它怎么感受平衡或者自我调控?伤痛/沮丧/缺觉会影响它的状态发挥吗?有没有受伤的经历?

你在不同情况下,动作的发挥有什么不同(例如:独自一人/在集体中、白天/夜晚、高一/高二、在户外/室内……)?

你最喜欢在怎样的状态下从事这件事?

最不喜欢呢?

有没有非常开心或者崩溃的经历?具体怎么回事,那次你感受到了什么?

3. 日常中,你有什么不自知的微小动作吗?

例如:啃指甲、抓头发、抠容易发炎的耳洞、颈椎前倾、驼背、瞬间的发呆(脑海中一片空白)、屏气、遇到人垂下眼睛……请找1~2个词写一写,那具体是怎么样一个过程。

有什么不自知的疼、麻木、压抑、酸胀等感受,一直伴随着你吗?

请从前面列出的动词中,找1~3个。转换它们的身份,把它们当成抽象的、对内心状态的隐喻,在其中寻找更真实的自我。

如果是1个动词,那么就持续地钻研进去——这个词背后的核心能量,围绕它寻找你的梦想、困惑……寻找另一个你。

如果是2~3个动词,请把它们放在一起,寻找不同阶段/时空的你的内在矛盾之处。寻找这矛盾背后的张力,那个隐藏着更多可能性的、更为多面化的你。

思考，这个你的存在，意味着什么？

未来的你，又将有可能走向何方？

创意写作课上小伙伴的习作

抓

我像一只水螅。

水螅没有复杂的神经系统，于是它用自己张牙舞爪的触手四处乱抓，填饱自己空空的消化腔。

我也是。

小学放学经过路边，看到小小的黄花一朵朵躲在草丛里。

我伸手去抓。

毛茸茸的皮，韧韧的茎——被扯断。占有的满足感填满了我的心脏。

我紧紧地把它抓在手心，直到进了家门，才发现小黄花已经低下了头。它好像有意在我抓住它的一瞬间加快了自己的生命历程。

青色的汁水渗进指甲缝，淡淡的清香混着草臭味留在手心。

不久，气味也消失了，它被我彻底遗忘。直到几个月后，我在某个书堆里的故事书里发现了它——一片干瘪枯竭如草纸的小黄花。

上了初中，或许是被"小升初"大家的强大和我自己的弱小吓到了，我很害怕自己再次落入回不了头的懊悔，便努力抓住一切——回答问题的机会、班长的名额、各种同学间的社交。

> 我像一条没有方向感的水螅，尽力地伸出自己所有的触须向四周伸展，抓住一切，填满内心的自卑和迷茫。
>
> "如果你抓住了一切，就等于什么也没抓住。"——《水螅生存守则·一》。
>
> 水螅慢慢长大，它开始困惑。
>
> "每天在这里抓啊抓，吃完就睡，我到底是在做什么呢……"
>
> 它感到迷茫，并试着在这片充满迷茫的水中为自己的存在捉一些意义。
>
> 它在浑浊的水液里抓，伸出触手，只要抓住了一星半点意义就迅速把触须缩回来、卷曲、攥紧、死死不放。当意义的碎片完全消失后，它又会伸出触手、抓住意义、保护它，和意义一起躲在水草的荫庇下，做着不属于水螅的梦。
>
> 意义是抓不住的，水螅不明白这一点。
>
> ——2024届 廿汁子

任务 25：关于我的死亡

既然每个人都会有那一天，你想象过自己的死亡吗？

为了深切地理解自我，你需要站在一定高度俯瞰自己的整个人生。想象死亡，是另一种方式帮我们确认自己想要怎样活。

请幻想你的死亡。

你会以什么方式离开世界？在那个瞬间，发生了什么事情？你的生理、心理处在什么状态？你周围的环境是什么样子的？

是什么让你在这个时刻踏上死亡之路？之前你已收到某种暗

示了吗？还来得及告别吗？

葬礼会是什么样子？在哪儿？谁参加？规模与音乐、鲜花是什么样的？那个气氛是你在世时所期待得到的吗？

请从以上挑选1～2个话题写一写。围绕你的死亡，你最有话说的是哪部分呢？

| 延伸练习 | 另一种死亡

除了肉体上的死亡，你还经历过其他类型的"死"吗？或许是没来得及说再见的幼儿园同桌，或许是被改造成大型商场之前的荒草地，或许是遗失的黄色自动铅笔。也许，是昨天，是上一秒。

只要我们活着，我们每时每刻都在经历"死"。周围的世界也是这样。你有相关的经历以及思考吗？你可以边写边想。

创意写作课上小伙伴的习作

其一

我出车祸死了，在很平凡的一天。一切发生得太突然太突然——才四十多岁的我从没想过这一天会这么早到来。

几天后，举行了我的一场小小的葬礼。摆在木棺上的是我的黑白遗像，不是中年时的老成模样，竟然是我小学时期的那张我最喜欢的照片。照片中的我依然笑容灿烂，浅浅的梨涡挂在嘴角。两缕细发绕了一个圈对称地系在头顶，余下的头发在脑后系成一把小刷子，是小时候妈妈常给我梳的发型。长大后，我有多久没再让妈妈给我梳过头了啊，甚至每天都是自己潦草地把头发扎在一起就匆匆了事。只是那张被花束簇拥着的照片已然是暗淡的灰色。那首我最喜欢的音乐《绿袖子》，在一片安静肃穆中回荡着。

越来越多的人进来了。家人、同事、大学同学，还有个别十多年没有联系的老同学。他们在我的照片周围摆上一束束怒放的鲜花。妹妹在几天的时间里好似苍老了不少。她手里捧着最大的一束花，愣愣地盯着黑白照片里和小时候的她八分相像的脸，终于默默埋下头泣不成声。

——2021 届 曼昕

其二

那一刻，我很开朗，用粗糙的双手抚摸着自己的脸庞，掠过身体的每一处，因为它们值得我去铭记。轻轻地揪下一根头发，细细"听"它的味道，镜子中另一个"他"教会了我要时时刻刻去审视自己，这应该是我能在漫漫长夜中享受星光带来的些许光明的原因吧。

和平的宇宙日，城市不会那么空。

但希望你们的胸口会隐隐作痛：我死了。所有的星际舰队都会为我哀悼，它们鸣放犹如纪念勇士的烟花，因为我死了。

死前的一天，我率领着一支红色的舰队穿梭于一个个跳跃点之间。

队员们为了突破我创下的模拟战争游戏纪录，在训练房刻苦训练，每个人的脸庞都流淌着汗液。我笑了，对着那个"他"大声笑着。

这里没有寒夜，只有熠熠星光下那一抹属于遥远星空的颜色。

我躺在幽暗的泳池中，遥望着星云的形状，眉头那么皱。

隐约之间，仿佛看到了一束光亮向我涌来。瞬间开始回忆，原来生活是那么简单、直接、单纯，只要跟随内心的声音……属于我的故事按下了暂停键。

一张张笑脸在脑海中飞速掠过。

——2021 届 pp 虾

其三

大概我从小就是个重情义的人。

印象中，小时候，我在家喝水用的都是塑料杯，直到上学后才换了第一个瓷杯，那是一个草绿色的杯子，光滑、圆润，泛着精致的光泽。我习惯了用这个杯子喝水，习惯了每天睡觉前将它放在书桌上，在它一晚上陪伴后，第二天早晨重新将它拿起来。那个杯子陪伴了我三年。

然而有一天，它"死"了。

记不清我是要去做什么，只记得我在走路的时候手没有拿稳，它就这样摔碎在地上，绿色的碎块就这样残忍地散落在面前。

我慌了神，瘫坐在地上不知所措，却不忍回忆刚才发生的一切，只是拿起依旧完整的手柄，盯着它失神。许久，我失声痛哭，只觉得那样无力，更是觉得后悔至极。

我不顾家长们的安慰，坐在那里半个小时。我过一会儿便会哭一场，刚冷静下来，一看地上的碎片，便又止不住眼泪。我开始疯狂地幻想，想出了无数种它没有摔碎的画面，只觉得任何一种设想都有那样大的可能性发生，为什么偏偏变成了最不好的结果？

之后，我拿来透明胶，试图把它组装回原样，然后用胶带粘好。哪怕不能用了，我也想再将它留在家里。我又开始幻想它被粘好然后摆在柜子里的场景，只可惜这终究没有实现。在我组装失败后，它被扔进了厨房的垃圾箱，然后和其他垃圾一起被扔到了楼下的垃圾桶里，再被垃圾车运走。没有人知道"死去"的它最终将要去哪里。

那是我对失去、对死亡最初的痛惜。

从那以后，我再也没用过绿色的瓷杯。每一次拿起杯子后，我都小心翼翼，攥紧自己的手，养成习惯后就成了一种自觉。

它有时候还是会出现在我的梦里，梦里的它完好无损地回到我的手中，又或者它自己复制出了一个和它一模一样的水杯，我将一个放进柜子、一个拿来喝水。醒来的我总是茫然的，当我看到桌上摆着的已经是和它完全不同的白瓷杯时，觉得心里空了一块。

从那以后，我常会思考和逝去有关的问题。当我坐着奶奶的自行车穿过小区时，总会有那么几个画面让我莫名觉得美好到难以忘记，在心中挥之不去。我就在想啊，我的眼睛看到的每一个画面都是独一无二的，那么上一个画面永远也不会再有了。就算我再回去，站在同样的地方，我看到的也永远不会与刚才的画面完全相同。那个绚烂的瞬间、定格的画面永远死去了，只活在我的记忆之中。

当我发现了这一点后，我感觉曾经心里一直存在的一种踏实的感觉就这样消失了，那种踏实大概是因为相信一切都可以继续吧。我意识到，再美好的事物都无法永恒，失去与死亡却是不断进行的。上一个时刻就这样死去，刚刚看到的画面就这

> 样死去，人也会在这样的过程中慢慢死去。此后，我都对失去十分恐惧，觉得死亡就是一个看不透、逃不脱的黑洞。为此，我尽力去在一切还存在的时候努力珍惜，将美好的画面刻在心里，却也难免在失去之后感到后悔。在那之后，我也生活在各种后悔之中。我后悔不小心弄丢了心爱的玩具，我后悔没有拍下某一天晚霞最惊艳的时刻，我后悔一时冲动断送了曾经的友谊。我总觉得自己的后悔是那么难避免，或许是因为我对逝去实在是过于伤心、过于惧怕了。
>
> 直到现在，依旧如此。
>
> ——2020 届 折衷鹦鹉

任务 26：我是_____，不过我_____。

在以上的话题里，你很可能会发现，围绕自我最有价值的话题里往往包含着矛盾。也许是自我和外界（父母、主流文化）之间的冲突，也许对你来说就是自己的一种拧巴。这些事情没有现成的答案。反过来，它们标志了我们独一无二的存在。

莱昂纳德·科恩说："万物皆有裂痕，那是光进来的地方。"这一次我邀请你专门写一写自己身上的矛盾之处。创意写作课上，我的学生们写下"我是爱道歉的人，但我也是冷血动物""我是社恐，但我选择表达""我是虚假的，但我偶尔真实""我是讨厌化妆的，但我喜欢妆发齐全的她""我是猫，但我比狗还'狗'""我是厌世的，但我热爱人间""我是渴望自由的飞鸟，但我从未生出羽毛"。当然，在这个任务里，我允许学生只写下标题，而写作内容作为隐私只给自己看到。

第二节 视角

很多时候,如果我们想要讲述一件复杂、处于迷雾之中的事情时,我们会说:"我该从哪儿说起?我怎么能说清楚?"是的,"复杂"的意思不光是指一件事跨越不同时间线和不同场所(空间),其间有起有落。现实中复杂常常意味着混沌——我们对于发生之事没有完全弄明白,还不能把"现象"归纳于成形的思考。这种情况下,我们很需要选择讲述的方式,帮助自己抓住要害、厘清思想的脉络。

我们也许选择从冲突最高潮讲起,因为这是整桩事件里最引发我们思考,也切实带给我们改变的可能性之处。或者,从头讲起,还原一个人从一无所知地进入直至经历全部过程的心路历程。再或者,带着事后的思考俯瞰整个事件,在不同的事件中交叉跳跃、边讲边分析。选择讲述顺序、口吻与时机,都涉及一个叙事技巧,就是讲述的视角。

这时我们会领悟到,事件的亲历者(第一人称)和事件的总结分析者(第三人称)其实不是一个人。炮制第二人称的对话("亲爱的读者,你一定以为我……"),为的是帮助我们在自问自答中引导出自己内心的理解。在生活中,我们原本就有时是旁观者、有时是参与者。我们是自己,但我们可以分身为不同的视角，这取决于我们事发时所处的位置、自身立场，连小孩子都知道。

当你感到一件事难以开口时，聪明的作者可以尝试为自己找寻讲述的视角。你可以利用第一人称贴身的亲历感带出细节，利用第二人称平等对话的感觉找到聊天式的舒服的距离感，利用第三人称（上帝视角）的俯瞰纵览去开掘思考的深度、广度，并且规避各个视角的局限性。

任务 27：双重视角下的童年故事

请选择一件你难忘的童年往事。它对别人未必有重大意义，也未必是件"好事"，但你忘不了它。零碎的片段、一些强烈的感觉——某种感情还在你心中。

首先，请再次回到当时的你那个小小的身体中，用他的眼睛和心灵感知发生了什么，并用他的语言讲述你记得住的部分。其次，你需要跳出来，用上帝视角把这件事再讲一遍。带上今日的你对于整件事的理解。

两个版本需要有所不同。

重新回到"事发当时"并不容易，哪怕那只是不到 10 年前的自己。你或许不用急于动笔，闭上眼睛先回到当时的气温和光线、当时那个孩童的状态。不求来龙去脉的完整性，而要抓住亲历者的第一感受。

也别忘了，那个年龄孩子的身高（带来的视点）、语言和思维特性。

在这个任务里，制造有价值的上帝视角对学生来说并不容易。尤其当他对于所发生的事空余感觉,在这些年间没有什么思考时。一件刻在心上的事往往不光是它本身,而是它背后的家庭、校园乃至社会大环境和他人之波在挤压、推动着一个人的感受。让它们浮现出来吧,就像复杂的现实本身一样。

创意写作课上小伙伴的习作

视角一:童年的我

空气中默契般地弥漫着分别的气氛。我笑得很开心,没人看见。

"这个氛围应该哭吗?"我看着毛毛的眼睛,在心中默默问道。它的眼睛黑黑的、亮亮的,就像是吃完的龙眼的核儿。天气晴朗,阳光透过窗户照射到地面上,地面热热的,毛毛的爪子很小、很烫,我的心也高兴得怦怦发烫。

好像有谁提前告诉我一样,我知道,把毛毛送走是迟早的事。即使爸妈不因为我而送走毛毛,我也会把它送人,在我们没有产生彼此依恋和被死亡分隔之前。

记忆中第一次分别是和姥爷。他每次见到我都用沙哑、粗犷的声音喊我的名字,还喜欢带我去地下商城吃小馄饨、花私房钱坐小火车。那段时间,我的生活中总有这么个人和我兜兜转转。我很开心很开心,好像明天的日子会比今天更值得期待、明天的日子会比今天更重要。后来,他从我的记忆中走出去了。我从现实中得知,他于某个戏剧般的日子死亡,我感觉身体中的某个部分也跟着他一起去了。我清楚地知道,我的爱再也回不来了。

自此以后，我就相信，爱和伤害具有守恒的定律，付出的爱多，最终受到的伤害会只多不少。所以，我选择在开始的时候避免情感投入，我只把他们当成过客，这样喜怒哀乐也就都与我无关。就此一别，我们现在和以后都不会痛苦的。

毛毛把爪子搭在了我手上，我能感受到它爪心厚重的温度，有些痒。我想起初见到它的时候，它蹭了蹭我的裤子，灰色的茸毛支棱着，眼神闪亮；后来，我打羽毛球，它替我捡球；春节的时候鞭炮太响，它吓得走丢了，我和妈妈连夜找它；还有每次拿快递开门的时候，它总挡在我前面，冲着快递员凶神恶煞……

毛毛安静地坐了下来，瞪着圆溜溜的眼睛看着我，我手边没有奖励给它了。暖风从窗口吹来，我感觉脸上湿漉漉的，毛毛的眼神变得雾蒙蒙的。

"天可真热，你别中暑。"窗外响起了引擎熄灭的声音，我笑看着装进狗窝里的毛毛，轻声说道。

视角二："上帝"

我今天看到了一个词语——"表里不一"。

我就不是一个"表里不一"的"人"，我有风是风，有雨是雨，看山成山，观水成水。苍茫大地的人儿叫我神明，我却只是个坐落于华州之上、掌如意、赤脚破衣赏五光十色的看客罢了。

孩童哭得厉害，父母悲伤得紧，竟是为了一只灰色卷毛的狗。为什么明明悲伤还要把狗送出去？为什么如此表里不一？我实在看不懂这人间情绪，果然，"人类的悲欢并不相通，我只觉得他们吵闹"。

这几天，我看到那男人在家中养了只和尚鸟，颜色温润，鸟总是站在山花树上嬉闹；那女人在家研究计算机的最新语言，闲暇时还读些中医教材，自由快乐；小孩儿就不如他们大人了，前儿因为初中转学，跟好友难舍难分，狠狠地哭了一通儿，说起来也怪羞人的……

人人各不相同，人人与我又并无二致。人间的热闹，和春来冬去的雨燕，没什么区别。我只顾闲庭信步，坐看风云起。

视角三：那时的爸爸

"哎好好……你把车牌号发我……好把东西一起拿下去……哎好，再见。"

我挂断了电话，屏幕闪烁，时间停在了9点33分。

还有3个小时，我就得把毛毛送到老徐家养了，狗窝狗粮都已收拾齐全，斜堆在门把手下面，一切都安排妥当。闺女坐在地上，正在教毛毛如何听口令坐下，"送走了才觉得舍不得，努力增进感情啊……平常谁让你不跟我一起嘞……"阳光突然刺中了眼，我紧闭了一下，再睁开时，看见毛毛吐着舌头、哈着气，毛茸茸的脑袋左右晃着。我不知道我为什么会说这些令人似笑非笑的话，我其实想蹲下来安慰安慰她，或是再跟阿梅商量商量说毛毛听话不会伤人，把毛毛留下来。但阳光太强烈了，气温让人分不清虚实。"我得有父亲的样子。"我对自己说。

第一次见到毛毛的时候，它也是这样摇着脑袋走过来嗅了嗅闺女的脚，我们就这样把它带回了家。它总是让我想起很久很久之前捡到的一只小狗：每天翻过山头砍完柴，赶在星星出来之前回家的时候，它总是从土路的尽头一点点奔来，见到我就"哈哈"地吐着舌头、摇着脑袋。我从家里偷拿来肉干给它，有时候只带来馒头干，它也不嫌我，只是蹭蹭我的额头，眼神明亮。狗、群山、星星、树林，这是曾经我的全部世界，它们真诚善良，而我在此长大成人，受到自然的庇护和生灵的关爱，早就感激不尽，热爱至极。

这样……可是这样，我为什么会同意把毛毛送走呢？

阳光可太刺眼了，眼睛酸酸的，我看见闺女还蹲在地上抚摸毛毛的茸毛，我晕晕乎乎地拿起相机拍下来，还让毛毛搭在闺女手上的爪子轻一些（上次阿梅被抓了，烧了五六天），抓我倒也无所谓，要是毛毛不听话抓了女儿，我可得好好说说它……

后来，我把毛毛领到老徐那里，老徐还带来了新的狗窝和磨牙玩具。毛毛被锁在副驾上，紧紧地看着我，摇着脑袋，吐着舌头。我感觉心里有东西缺失了，又被什么东西填得满满的，让我来不及悲伤。

"你可要好好对它啊！"我转过头对老徐说。

那是我最后一次见到毛毛。

视角四：那时的妈妈

女儿伏在地板上。天气暑热，但是地板尚凉，我本想让她起来，但是空气中离别的味道让我心中的愧疚加倍，动弹不得。

这么一想，我的的确确是"始作俑者"。上上周的时候，毛毛抓了我的左手臂，我去医院打了疫苗后昏昏沉沉的，那时候总想着说别让闺女逗毛毛，可那孩子总是不听，被抓着了也有意无意地掩盖，我实在放心不下，跟玉轩说了把毛毛送走的事。

玉轩听到后总是撇撇嘴，然后皱起眉头，满脸的不认可。我们为此吵得很凶，他一直说毛毛很乖很乖，可我怕孩子受伤受我这份罪。我知道他有些话没说出来——关于他的热爱。我也的的确确喜欢毛毛，它好像我从小到大梦寐以求的那种小狗，虎头虎脑的，并不听话，但是绝对自由和野性，它就是生命本身。但是，有了孩子以后，我好像把爱全部给了她，我好像很少顾及自己了。毛毛对我来说，是曾经的愿望；而我现在的愿望，只希望女儿能平平安安的，不受伤。

孩子爸爸给她照相的时候，她摆了摆手，默默地流眼泪。我不知道我在自责什么，但是心中的无奈是确定的。我隐约觉得我做错了，但我希望我做的是对的。

——2020届 阿呆

任务 28：观看一张照片的三种角度

请在网上找一张新闻摄影作品（较之肖像摄影、风景摄影之类，新闻摄影作品会更有故事的感觉。你可以搜索普利策新闻奖、荷赛奖、马格南图片社等世界知名新闻比赛奖项/机构）。找那种你的目光匆匆掠过时被钩住的照片。照片中需要有主人公（可以是人，也可以是树、动物）。

用5~10分钟给这张照片"相面"。关注：人物的表情、肢体语言、服饰（戒指？鞋子的样子？十字架项链？……），人物的状态（紧张得身体蜷起来？瘫软成一团？腰背不自然地僵直？……）。猜测照片里的季节和天气、地点，摄影师拍照时的姿态（蹲着？居高临下？离人物十米开外？……）。尝试把自己带入那个世界，去感知，以至于这个二维世界在你脑海里扩展为三维、运动着的。主人公早饭吃了什么？他看起来是要干什么去？他意识到镜头的存在了吗？摄影师按下快门之前，犹豫过几秒吗？

围绕这张照片，从三个角度展开故事。

（1）请用第一人称，从照片里一个人（主人公或次要人物）的角度写一段话。拍摄当时他在做什么？他的心里在想什么？他有着什么样的情绪、意志和渴望？

（2）请从摄影师的角度写一段话。他是出于什么动机拍摄这张照片的？［基本的职业素养？名利？对某些东西的特殊兴趣（以至于被打动）？］拍摄时，他是怎么做的？拍照后，他做什么去了？在这段话里，应该会有第一人称，也会有第三人称，也许还会有第二人称。

（3）请从某个看照片的人的角度写一段话。这个人可能是摄影师供职的杂志社主编、晨报读者，或者你想象中的任一观看者。你可以找一个立场、身份与前两者有差异的人，为事情引入新的观点和理解。他是在哪里看到这张照片的？它引发他什么样的想法？他的关注和立场是什么？这段话里，会有第一人称和第三人称，也许还会有第二人称。

这不是看图写话。而是把自己带入照片里的世界，再跳出来，尝试共情它里面和外面的人。因此，你需要留意不同人的年龄性别、受教育程度、文化背景和阶层带来的不同思维习惯、表达方式。

写完之后比较一下：哪个视角你写得最顺手？或许其中包含着你对这张照片最深的感受。

任务 29：多重视角的剧本杀

我发现用剧本杀做视角练习非常合适。因为它天然地提供了一个有复杂度的事件，制造了不同身份、立场的人"各说各话"的局面。同时，即使作为玩家，你也可以跳出事件本身的对错悲喜来思考：这一切意味着什么？

第三节　回忆录

回忆录是个机会。它致力于做的，并不是像热销的《××传》那样把你烘托成一个了不起的人物，而是帮你探索那些即使努力也难以忘记的过往。也许其中的细节已经模糊了，但"就是忘不掉"本身已经证明这些事对于今天的你的意义。是的，回忆不是为了过往，不单纯是总结。它更多是为了探明真相，寻找意义；为了未来你可以做得更好。

在画上最终的句号之前，或许你都不能肯定地说出这篇回忆录的主题到底是什么、它的价值到底有多大。毕竟，比起虚构故事，这是真正的"拨开迷雾，寻求意义"。你能做的不是事先定好主题，而是更加重要的事情——鼓起勇气，尽量诚实地诉说。如果中途你不想写了，谁也没法逼你。只有谨记"为自己而写"，才能让人即使直面尴尬、害臊或者一团乱麻，也不放弃。

任务 30：回忆录写作

选题很重要。

经过前面一系列练习，你应该清楚这份回忆录需要处理的是你的哪个阶段、哪个话题。就请围绕它们，写一份属于你自己的回忆录。

它可能包含一个事件，也可能串起若干粒大大小小的珠贝。可能专注于一个点，也可能从小学跨越到高中、从校园跳跃到家庭。它可能关于友情、亲情，也可能关于自我认知或对生命的思考。你的讲述可能更像小说，或者更像散文；可能以第二人称开头，也可能第一人称掺杂第三人称。切记，回忆录是关于成长与蜕变的。一开始某个点引发你的创作欲，随后的兜兜转转有可能带你抵达新的素材、新的见解。你需要聚焦，但不用自我束缚。

字数不重要。重要的是通过写作，一个人可以对过往加深理解和认识。

回忆不只是恋旧，也不为了批判。它让人活得更加清醒明白，走向成熟。

创意写作课上小伙伴的习作

气枪鸣响之后

有一次去幼儿园前，我站在姥爷的三轮车旁，看他把电池抬进座位下的电池仓。我问他：我几岁啦？他回答说五岁。过了很长很长时间，我又拽着姥姥的衣角问同一个问题。她笑着俯下身，说："你现在是五岁半。"然后我就以为长大其实是一个谎言。

后来的某天邻居奶奶来做客，问我多大了。我说我今年八岁半了！他们都哈哈大笑起来。所以长大到某一刻就不能再用半岁做年龄的计量单位，这是第一个让我警惕的信号。

家里人过去住的地方附近有座白塔，在我出生前那里就只剩下白塔

姥姥家的冰箱从前总塞得满满当当

我从出生起就和姥姥姥爷生活在一起，在一栋现在被称作"老破小"的房子里。那里有永远都是装满状态的冰箱、更新换代过很多次的电动三轮车、盆里会莫名长满三叶草的绿植、

邻居家养的鸽群——每天下午有两道气枪的鸣响提醒它们出去转悠一圈,扑簌簌像一场不会落下的雨。

姥姥家有很多套窗帘,绿色的上面有棕榈树刺绣,蓝色的是格子的,米色的或许是亚麻材质,有一种坠着一条一条的挂穗,唯一的相同之处是它们的宽度都不足以遮挡整个窗户。每年夏天的午后家里都拉着几层窗帘,一层遮光两层隔热三层保温,屋子像个东拼西凑的棉布骰子。家里的其他部分也是差不多的情况:沙发靠垫由多种材质的填充物和布套子凑成好几套;冬天太冷,除了正常的棉被,脚底下还得加一床毛毯。

姥姥家有很多盆绿植,长在一切可以放得下植物的地方。文竹、吊兰、马蹄莲之类的,层层叠叠的绿色堆积在一起,每天早上和晚上要挨个把它们换个朝向以便更好地沐浴阳光。夏天会有个我专属的白色喷壶,不停地给它们喷水,或者在空中喷,然后快速地走进那一片清凉的迷雾中。文竹叶子喷水最好看,叶脉般的毛茸茸结构能挂住水珠,慢悠悠化在脉络间,喷水和观赏交替下来能玩上一天。每到过年,姥姥会新搬回来一盆开得红火的花或者小金橘树,可惜它们到了第二年就都不会再开花结果了。

还有一些数量很多的东西,例如裱了框的相片、挂在灯下面或者贴在玻璃上的红色新年装饰品、不成套的盘子碗(但一般只会用固定的几个)、风格各异的帽子围巾挎包(同样也只会频繁用到其中的几个),总之是些和断舍离理念背道而驰的布置。放在现在看或许可以叫充满生活情趣,但在当时还不知道文明人家里每扇窗前只会有一套窗帘的我眼里,东西把空间堆积得满满当当才是家的样子。

刚上学不久的一个夏天的某天,我们一起去超市,回来时鼓鼓囊囊的化纤袋子把电动车塞得满满当当的,连我的鞋上都压着袋子的一部分。葱从袋子里伸出来,看得人心里怪难受的。另外能看到的,还有板状的盒装酸奶和桶装薯片。

天热,一回家就把层层叠叠的窗帘拉上,空调打开还不够,得先开会儿风扇散散热气。电视好像也开着,放午间新闻之类的节目,我不看,端了脸盆倒满水在里面玩钓鱼的游戏。那套玩具里渔竿做得很精致,真的可以摇动把手让棉线带着渔钩下垂,可鱼就只能侧着身子漂在水面上,半死不活但五颜六色。

玩够了,端起脸盆把水倒在洗手池。水哗啦啦倾泻而下的时刻,我照例为地球本就不充足的淡水资源抓心挠肺一番,很快就以"下次绝对不会这样了"宽慰好自己,回到客厅坐到姥姥姥爷身边。

毫无疑问,空调是世界上最好的发明,但就跟嘴前面钉了个磁铁的塑料鱼一样,有些地方终究叫人扫兴。长时间开着空调的房间,总有种不真实感,好像这个清凉到不合常理的地方被从世界上独立划分出去一样,连空气都有种塑料味。也就因为这种塑料味,这段记忆被打上特殊的记号。

不记得当时有没有和姥姥说话,我们之间交流总是功能性的,比如说她问我要不要吃东西,我说不,然后她给我削了个苹果。没有和姥爷说话,这是可以确定的,不必要的情况下我们几乎不说话。

或许也说了。"声音有点大吧""关小点声""怎么不吃薯片""一会儿再吃""算了，还是现在就吃吧"之类有一搭没一搭的闲聊，像午间的梦一样平常而断断续续。也可能真的是梦，不知道为什么这样一段平常的记忆会停留这么长的时间。

钓鱼玩具不知道从什么时候开始就再也没见过了。还有一些玩具：表姐小时候玩过的滑板车，每年会多一只的红色生肖玩偶，还有同样是从表姐那儿继承的一箱芭比娃娃。现在想到那一箱娃娃我总觉得心惊胆战，它们有天突然出现在我生命里，姥姥解释说是表姐不要了的，我疑心那一天她的生命里是不是突然失去了这一箱娃娃。

这箱芭比娃娃，真的是放在一个笨重的大木箱里，搁置在阳台上很久，直到后来再开启，我已经十一岁了，距离那个有塑料鱼、桶装原味薯片、新闻节目的午后已经过去了好几年时间。这期间发生了很多事，但每天下午的气枪和鸽子、层叠交错的窗帘、满溢的绿植从没变过。唯一重要的变化是我开始意识到在目前这个年龄再不玩一会儿芭比娃娃，就要成为玩芭比娃娃会被耻笑的人了。

然后变化接踵而至。

∙∙∙∙∙∙∙∙∙∙∙∙

——2024 届 cfnm

[扫码阅读全文]

回忆录二稿头脑风暴

进阶版作者阐述

1. 你认为这篇作品能够道出你生命中的某个独特之处，或者说真相吗？（对你来说它有分量吗？）

2. 如果能，那么，那个独特之处/真相是什么？
你认为在作品里，你把它抓住、表达出来了吗？

3. 这一次写作，自己满意之处在哪儿？请大声说出对自己的一个赞美。

4. 此刻的困惑是什么？有什么需要帮助的地方吗？

进阶版读者互助

1. 这篇作品里，你印象最深之处在哪儿？请大声读出来，读完说出理由（想一下，这里为什么让你印象深刻？）。

2. 你认为作者想要表达什么想法？请给出你的依据。

3. 你从这篇回忆录能看出作者性格、气质、思维方式上的哪些特色？请指出。

4. 你认为这篇作品最突出的特色是什么？

5. 读完感觉这篇作品还缺什么吗？请说出来。

写在结束前的思考

回忆录并不是老年人的专利。

随着尘封的记忆慢慢被掀开，随着对自我生命的问询越来越深入，你的心里也许跳出越来越多的问号、叹号，或许也有省略号。是什么造就了今日的你？什么是你一直未能好好面对的生命谜题？

不要再说"谁会看"。写作是一项孤独的事业，人生又何尝不是呢？为了自己，很多时候就是一个简单又有力的初衷。

也不必担心隐私问题，因为写作的最低限度就是——只给自己一个人看。

隐私是可以、很多时候也需要对外人保密的。但隐私对当事人来说往往有一定意义。在你自己的心里，你要有能力直面它的存在，彻底了解它。或许化身为另一个自己，上演一场自己和自己的谈话，会是可行之道。

很多零散的碎片，单独看似乎没有什么意义，但再伟大的生命，也是由无数细碎时刻组成的。希望你没有忘记生命里的"碎片"，善待它们，耐心等待拼图完成之日。你需要边写边回望、边思考，让一个又一个的图案引出你生命的真相。

很多回忆录会兼有散文和小说的特征，因为它们需要倾诉，也需要解释和抒情。在我们还没有涉及真正的叙事技巧时，请不必拘泥于你采用的到底是何种文体，姑且顺着你的真实心意一直写下去。一个小技巧是，如果一开始你找到了一种诉说的口吻，它会帮助你奠定这部作品的氛围和基调，让你比较容易地把想说的话说出来。

☞ 给教师的建议

1. 没有青少年对关于自我的话题真的没兴趣。不过，师生都需要体会："写给别人看"和"为自己而写"背后探索的力度会截然不同。

2. "为自己而写"，首先需要采取具体措施，帮助学生保护隐私。安全感背后是师生之间、同学之间的信任。

3. "为自己而写"，真相往往是从混沌中浮现出来的。帮助学生树立正确的观念：再次打开裂缝不是为了扒隐私，而是需要付出艰苦的努力，从中寻找光。

4. 回忆录的话题宽泛，讲述方式也因此灵活多变。除了可以主动选择讲述的视角/口吻，也可以鼓励学生尝试其他不同的叙事技巧、方式。毕竟，形式是为内容服务的。

第五章

你的实战锦囊
—— 如何写出完整作品

只有亲手完成过一篇作品，才能粗略地知道，写作到底是怎么一回事。以及，这件事没有你想象的那么难，或者那么可怕。

那些赶工鏖战的夜晚、在食堂和公交车人群中心驰天外的时刻，只有体会过了才知其中滋味。

第一节　从哪里开头？

这指的是两件事。

第一，写什么？第二，当你知道自己想写什么时，第一句话、第一个情节点从哪里开始下笔。

关于写什么：有些人，你不给他一段音乐，他就不知道如何起舞。这里我准备了一份创作开始前的头脑风暴素材库。所有的词语、话题，都是为了激发你的灵感。请随意取用。

需要注意的是，很多时候我们不好判断一个毛线头后面跟着多大的线团。在动笔之前，我们或许想象不出故事随后怎么发展、将要写多少字，以及这个题材的价值到底有多大。这些跟经验、运气都有关系。因此，一开始你不要太功利，写一写自然会有答案。另外，什么样的题材最适合此刻的你？有时你说得出来，有时你就是说不出来。有一件事我可以说，不管你选择了什么题材/类型，只要持续写下去，你总会在其中发现属于自己的东西。

你的确需要寻找。但归根到底什么题材、类型都不是最重要的。只要你在写，你在那个过程中所收获的，一定会让你觉得此行不虚。

真实的创作，光靠坐着想是想不出来的。不要指望全部想清楚了再动笔，否则世间就不会有写作这件事存在。你可以不管三七二十一先写起来，边写边发现和确定自己的心意。

头脑风暴素材库

一、词语表

盐	饥饿	路	时间	鞋
旅程	福佑	蜗居	林间小道	冰激凌
灵魂	目标	渴望	拆卸	肖像
纺锤	推	后巷	冰箱	枪
鹿角	温室	化石	抽屉	藏身之处
抽搐	惆怅	金字塔	阿司匹林	婚纱照
鸢尾花	牙科诊所	保龄球	白噪音	热狗
爆米花	徘徊	花园小径	打水	刷牙
冲浪	魔鬼	上帝	母亲	喧嚣
追跑打闹	马厩	莲	毛巾	铺床
从高处一跃而下		纵横交错		琳琅满目
潮汐	入侵者	蓝色	眼泪	啜泣
口水	变魔术	急刹车	技击	换挡
消音	爆满	城堡	船	弥漫
退潮	冲刺	抱	齿痕	张开双臂
懒散的	田埂	浓烟滚滚	剁肉馅	按摩器
连趾袜	赛道	痉挛	侵蚀	生锈
污染	乐观主义	攀	滑翔	不动产

狗尿	三蹦子	土耳其绿	拿破仑	制服
天伦之乐	扩散	痛	榴梿	鹅卵石
假肢	眼睫毛	雪霁	笙	雨幕
春服既成	沙尘暴	骑行	迤逦	护栏网
玻璃幕墙	山雀	南瓜	碰触	弹性
海星	吸收	顾长	青春痘	硬币
地毯	拖车	66号公路	蓝山	屏障
飞毯	草履虫	菊石	虎鲸	喜结连理
混淆	淡漠	措手不及	公里	万年历
坟地	大红袍	小飞虫	磨刀	松针
张牙舞爪	披头散发	巧笑	鼓	吹
打坐	日落	暴风雪	死者	飘荡
四维	画符	金丝楠	二月兰	咸菜
炒菜	锅盔	蜡烛	吉他	祭祀
谈判	冲突	纪律	课桌	咖啡
蝉	恭喜发财	请留步	送货上门	街拍
昏昏欲睡	苍蝇	面条	横幅	超短裙
哼唱	抚摸	褶皱	连绵不绝	深呼吸
蝙蝠侠	下线	包子	加速	搅动
冻僵	收拢	高擎	配合	瞒天过海
远去	掣肘	攻击	大富翁	啤酒
访谈	英雄	伐木	偷	穿越
清单	储藏间	饼干	项链	工资条
二维码	神经质	印第安人	哀愁	棕色

礁石	家庭成员	遗产税	井	原谅
泄密	航海	冲动	宇宙射线	李尔王
郊区	公寓	摩托车	嗡鸣	抑郁
挂号	虫族	鼠洞	散步	烟囱
钻头	火花塞	对不起	游戏	热浪
爵士乐	助产士	愤世嫉俗	失业	四月
叠	叮	便利店	选择	哈姆雷特
即兴	汗味	口臭	脚气	醋栗
兰屿	自传	莴苣	奄奄一息	礼仪
奴婢	夏令营	湖水	银铃般的	粗鄙
下陷	坠落	盘旋	影子	五金店
木匠	公鸡	重复	摆渡	厮打
哺育	海豚	耳朵	关联	拒绝
负担	指责	漂流瓶	博物馆	大肠杆菌
扣动扳机	生产	血	凝结	絮叨
缠绵	花生酱	命名	拖延症	肚脐
望远镜	斑斓	赌气	玩弄	等待
唾手可得	咳嗽	来日无多		

二、话题/情境

1. 放学路上。

放学的那条路,你日复一日甚至年复一年地走。所有景物你都司空见惯,直到有一天——是公交车上无数双脚踩来踩去的地板裂开一条缝吗?是高楼的玻璃幕墙上忽然映出一张笑着的猫脸吗？是煎饼摊上的小贩忽然玩起了印度抛饼吗？……就是从这一瞬间开始，或许，你的世界将从此不同。

2. 在黑夜里。

你在黑夜中游荡过吗？漫无目的。你见识过路灯、眼泪、狂风敲打玻璃窗，或是不眠之人的双眼？据说暗夜中能量涌动，使每一个明日不同于昨日今日。如果你曾有幸身处其间，请试一试写下那不为人知的奥秘。

3. 两个人走出一座建筑。

这两个人是谁？他们从哪里走出来？他们刚刚经历了什么？又或者，他们将要经历什么？

4. 关于你的死亡。

想象你的死亡。

是葬礼上的音乐？是尖锐的迟钝的致命的痛？是生的对立面还是融化、打散、松开的手？而重生，浴火之后的重生，会不会就在隧道尽头等你？

5. 旅行（游记）。

请回忆一次旅行。

可以是长途或者短途，可以是物质的或者精神上的。

沿途有什么？你的目的地又是哪里？是风尘、匆匆掠过的车窗？是难以言表的尴尬、无处安放的甜蜜？是什么，使你至今无法忘记？

6. 秘密。

没有秘密的世界，是不是也缺失了某种成长的可能性？秘密是无声的密友，还是一把终究要解开的锁头？希望在它锈迹斑斑之前,有人和你于锁眼之间翩翩起舞。

7. 羊。

羊在心中蠢蠢欲动,才将我逼到孤独与绝望的境地。我一直等着,等待他敲响我的门,问一声:"可以进来吗?"它摘下黑色皮手套,呷一口热茶,在我面前摊开那份——通往世界尽头的地图。

8. 游戏。

游戏渐入深巷,"1——2——3——"报数声还在耳边回响,他/她回头,伙伴们却一个都不见了。

9. 一个人突然大笑起来。

这是怎样的笑声?为何会在此时、此景出现?是喜是悲,是笑是哭?无人知晓,无人理解,而笑者却又明白了什么。

10. 禁锢。

是不想动,还是无法动?肉体会被物质束缚,那精神呢?黑暗中的微光,是闭上眼以忘记自己的处境,还是挣扎着向其靠拢?

11. 童年。

膝盖上抠起拉丝的伤疤,那个奇怪的大人,记忆碎片,已经跳到喉咙边缘的心脏……

12. 一句你经常听到但从来没有真正理解的话。

给主人公一个机会,也许他/她可以代你经历些事,从而揭示这句话背后的真相。

13. 礼物。

也许关于如何找到时机,送出手中的礼物;或者是完全出乎意料地收到一份陌生人的礼物……礼物是一些人与生俱来的表达方式，可能改变另一些人的命运。

14. 对话。

人物之间的对话，像清脆密集的乒乓球赛，还是沉闷却掷地有声的网球赛？这场对话之后，一些事情再也回不去了，一些改变开始了。

15. 迷路。

迷失是一个好故事的开端……

16. 一个故事的不同版本。

事件就摆在眼前。但是不同人物登场，讲出了不同的版本……

17. 难以启齿。

18. 照片（家族照）。

偶然地，你拿到了主人公昔日的照片。这是和谁？在哪儿？他们当时在做什么？岁月无声，他们的眼神和身体语言却泄露了很多……

19. 身体的某个部位。

a. 一直不能忘记爱人身体的某个部位……连最细枝末节之处都清晰如同昨天。

b. 日复一日，身体的一部分正在失去知觉。

c. 在镜中看到自己身体的一部分，很陌生。

20. 纸钞会说话，总统头像点头捋了捋胡子。

21. 随着卷起的地图铺展开，一条通往世界尽头的路显现出来。

22. 没有终点的列车，第13号车厢门被推开一条缝隙。

23. 从天而降的咸鱼。

24. 公路中间的蛋糕。

25. 15个穿黄雨衣的男孩。

26. 镜子里的眼睛。

27. 雾气弥漫。黑猫从石屋拐角钻出来,眼睛闪着绿宝石的光芒。

28. 雪还在下,送信人不知何时已经离开了……

29. 深秋。在巨大的悬铃木树下,我挖出了一个铁皮盒子。

30. 烤面包的浓香弥漫在空荡荡的厂房里。

31. 捧着鲜花的小男孩笑了。

32. 35年前的站台,他一等再等。

33. 我坐在靠窗的位置。窗外,是一望无尽的蓝色。

34. 岛。拒绝沉没的岛。

35. 她摊开手心,里面写了一个字。

36. 群鸟过境时,村里仿佛天黑了一般。

37. 电子钟指向23:19。我推开那扇油漆了红×的门。

38. 面具无声滑落。

39. 演唱者还在声情并茂地唱着,剧院里却什么声音也听不到。

40. 抚摸膝盖上的猫咪。

41. 跑步者偏离了小道。

42. 手机只剩3%的电。

43. 他/她砸开了药店的门。

44. 野餐垫上的污渍。

45. 她起身关掉了电视新闻。

46. 白马独自站在雾中。

关于开头的第二个问题，跟经验和技巧有关。很多初学者会从故事在时间线上的起点开始，尤其那些拥有原创世界观的写手。这是一个忌讳。

第一，明天之后一定是后天。从时间线的起点写起，故事天然地不具备悬念、缺乏吸引力。第二，你自己也会发现，这样的开头往往为了交代一堆背景。这是读者想要跳过的部分，也让你在真正的情节还没开始时就写累了。

一个建议是，你可以从最强烈的矛盾冲突开始之前进入叙事，然后在讲述过程中穿插对于背景的交代。你不必一次性地把背景交代清楚。因为对读者来说（就跟对你来说一样），重要的是此刻发生的、悬而未决的事。任何人关注背景，也不会是为了长知识，而是为了帮助自己理解当下事态，揣摩它的发展走向。

而对你来说，掌握了这个小窍门，开篇也会免于拖沓无趣，变得愉快很多。

第二节　中途的困难

我看到过太多"中道崩殂"的创作，也为很多沉寂多日终于完工的作者喝彩过。与其手机里存一沓"未完待续"，不如咬牙写完一篇。因为这真的不容易，这又或许比想象中容易。

保持信心

太多时候，我们在写作这件事上的困境来源于心态。

作为写作者的自信，有时难免细若游丝。从始至终保持理智，实属不易。

如果不是偶然读到事后的作者阐述，甚至从一些熟稔的家长处得到讯息，我简直难以想象，那么多的大孩子和当年的我一样，在这件事上放了多少期待、多少敏感。因此，我认为拥有健康心态的方式就是放下不切实际的执念，让心回归泥土里。

最初，我们常持有一种"非零即一百"的态度。幼稚地幻想一举成名，遭到否定就一蹶不振、自怨自艾。谁让我们把写作和外界评价、才能判定绑定得这么紧？中间给自己透气的缝隙都不留。谁让我们下笔就想要完美，不完美宁可不写？

你已经忘了最初促使你想动笔的那个小小触动、那种情景和味道了吗？

你原本不是什么也不为，为的就是这些小小的念头不能放下、不能忘记吧？

要时时预备着，把心放回开始的地方。

如果你可以享受写作过程中的种种心驰神往、编织与思量，宁可写完也不与什么人分享，或许这才是持续写下去的正确方式。

写作者，是"在写"的人，不是什么"家"，也不需要特殊材料铸就。

头脑风暴

教与学的经验让我知道，创作中非常重要的一件事是——学着头脑风暴。缺乏经验的写作者经常写到一半卡住后，就完全不知所措。要么认定自己没有才能与想象力，要么盲目乐观地坐等灵感再次降临。首先，中途卡住非常正常。毕竟，深度的写作跟所有真正有趣的事情一样，既消耗脑力、挑战心智，也需要一点点运气。你怎么能指望一蹴而就？其次，灵感到来也需要主动探寻、理性分析的加持（创作不是漫无目的的游荡，也不是完全依赖感性与潜意识）。

人文学科的能力提升常需要领悟力。而头脑风暴就是一个不伤害灵气又不断开掘思维新天地的可靠方法。

头脑风暴的本质是通过自问自答，自我唤醒和激发。它把你的思绪从贴标签甚至指责式的"你怎么这么差劲！"转移到开放的和可持续发展的，从对作者的关注转移到对作品中潜在能量的关注。本书中的那些问号，无论是否以头脑风暴、调查问卷的形式出现，都殊途同归，引导你如何围绕观察与发现，人物、场景、矛盾冲突和主题，想得更深更广。

如果你在写虚构作品，卡壳时多问问自己人物的意志总是必要的。如果你在写回忆录或者就是记述旧事，多问问当时发生了什么以及这些激发了自己怎样的感受、这些感受对你意味着什么，会始终有意义。围绕你创作的核心感受、核心意图刨根问底。不管你问的是"是什么""为什么"还是"又怎么样"，头脑风暴代表了站在已知信息的基础上，更加深入地了解事物（让信息更加系统化，让细节更多更独特），对其建立属于自己的理解。它可能是发现，也可能是再确认。总之，头脑风暴会让你认识到，你的思维可以从最初的碎片式感受一路成长为有深度的思考。

初稿修改

本书前面那些一遍完成的习作，都属于草稿性质。想要获得有分量、经得住时间考验的作品，一定需要一遍遍修改、打磨的过程。

头一两遍修改一定不是关于改措辞与病句的。如果说作品是你匠心制作的一个人偶，那么具体的修辞文法问题属于它袖子上的花边，是细枝末节。你首先需要面对的，当然是那些你写的时候隐隐不安的事情——讲述是不是流水账？人物是不是面目模糊？……是让你的人偶先眼里有光、骨肉停匀，能自给自足在大世界站立和走动起来。

刚放下笔时，你的判断有可能不够准确。因为你还沉浸在自己的主观世界、在那一腔劲头里。别着急，放一放。在这个过程中给身边的人看看，听听他们的感受。之后再着手开始修改的头脑风暴。

  修改这件事里首要在意的是它的原则。你不是为了尽善尽美而改，而是为了让一篇注定会有局限性的作品承载起它应当应分的使命——把你该说的那些事说明白，让那些模糊地带在你心里更清晰明确。因此，请围绕你的"不确定"展开头脑风暴，哪怕那是一种隐约的不对劲的想法。请用你的理性辅助你最初的一些灵感，让它们获得尽量长足的成长。

  修改不是数着字数多少改，不是把自己往外界靠。这个过程依然应该是创造性的、快乐的。

第三节　分享 互评 小组合作

分享

如果说写作是往深井里投下一颗石子，没有人不渴望那一声回响。

虽说是实情吧，但很多时候你想不到与父母分享。如果能在身边找到愿意聆听的小伙伴就好了。网上的熟人也好。总之，还是要鼓足勇气拿出手的。

写作这件事有种从内挖掘、向外敞开的意思。如果不分享，你是不是总觉得差点意思？好像让自己的声音撞击到外界陌生的阳光和空气，激发出其他与你不同的声响，这个过程才算一个闭环。你才可以把收获的新知和力量藏起来，等待下一次再出发。

有的人写作是为了获得肯定。有的人写作是为了获得支持。有人是为了炫耀。有人是为了纪念。到了分享的时候，你更可以问问自己：自己求的是什么？

所求未必能顺利获得。有时，这反而惹得你一肚子气。因此要慎重选择能与之分享的人。不过，这件事还是要做的。一腔孤勇有时可能导致主观主义——写一篇撕掉一篇的不自信乃至自我折磨，或者志得意满的飘飘然。而且，与听其他人夸赞你的才能相比更重要的，是审视自己的眼界、胸襟、兴趣点，以及自己思考的深度、广度，在这个大世界里算什么。他人的眼光往往比自己的更诚实客观。

如果你不想就此收笔，你还想再出发（无论写作上的还是人生道路上的），你多少总要听听其他人对这篇作品的意见和建议。

互评

互评并不是件容易的事。因为跟很多人想象的不同，它恰恰不是一种单一维度的评判，而是人与人的深切交流。

给别人的作品贴标签是容易的。但这种千人一面标准下的标签，对于作者和评价者双方来说，带来的收益都不大。它更像借此机会比个高下。写作并不是没有高下；但只比较高下，对于作者的帮助很小。

其实每个人阅读一篇习作，思绪在字里行间穿梭时，以及放下作品长舒一口气时，都会有话说。不一定是说出声那种，但一定有"怎么回事？这个人物刚才不还在角落里嘟囔，怎么他现在就出手助人了？""说不出……不过真的好美啊，好久没读得这么爽了"之类的想法。他人的思想和感受，自然会激发我们的思想和感受。把这些如实表达出来，就是一份很好的第一手读者评价。当然，为了提高效率，你落笔写一篇读者评价前，还是要再三咀嚼自己对于所读到的文字到底有什么疑问、观点。但是，互评这件事的原则在于：对方写得好坏，是他自己的事。你作为读者，借着阅读的机会和他交流。这种人和人之间的交流才是最重要的。

如果想要作者领悟他的创作有什么短板、他的思考有什么与众不同之处，也必须用这种交流和商讨的方式。读者只是叉着腰指点，作者依然不知道怎么修改。

下面是一份我们课程里的讨论和评价的原则。

虽然，即使制定了文字版的原则，怎么互评、怎么对待他人给你的评价这件事，还是要在实践中摸索着来的。

讨论和评价的原则

1. 从你作为读者的感受出发，越具体越好。

2. 给予别人评价时，首先要找到闪光点；当你指出存在的问题时，需要讨论可能的解决方案。

3. 有时不知从哪里说起，可试试从提问开始。但请注意倾听回答，有时你们甚至还需要把问答延伸下去，以获得令双方都有收益的沟通。

4. 请保持尊重、开放的口吻。评论的目的是开启对话，而非发布指令。

创意写作课小伙伴在编辑会上的信

写作者87：

看了你的几篇习作，我或多或少有一些感受，所以写信给你，表达一下我的看法。

其实我喜欢的部分还蛮多的，比如：

"在这个月份，空气闷热至极，我坐在高楼的最边上，周围的空气压得我喘不过气，这太让我讨厌了。但我又觉得十分荣幸，这是我出生的月份。我闭着眼，想着儿时对月亮说的一字一句，没有半点掺假，可如今……现在，我的头顶上也有一轮月亮，可是总感觉已经不一样了。我扶着边沿慢慢地站起来，腿有点不受控制地颤抖，'终将结束'，我把背冲着外面，没有一丝犹豫。风在耳边呼啸，隐隐约约还能听到汽车的喇叭声。我飞速下坠，就像断了翼的蝴蝶，起码我是这么想的。在这个世界上，我已不亏欠谁什么。解脱是矛盾的，笑容慢慢在脸上绽放，嘴角似乎咧到了耳边，自由！"

因为从未这么想过死亡，更没想过这种自己选择的死亡，所以它吸引了我。

"我认为人类的情感总是奇奇怪怪的，但又让我觉得十分缥缈。其实我是一个不怎么会表达的人，过去我真的很喜欢你。但现在，我觉得我很幸运，可以交到一个你这样的好朋友。"

我初中的时候也有这种情感……，所以会被这样的描述吸引吧，至少这话我不敢写。

"两条胳膊就像没有了骨头，耷拉在身体的两侧，总是紧绷的神经也慢慢放松下来，感觉像是灵魂层面的自由充盈在我的肉体中。"

这种描述，很夸张，但是我觉得很有趣。我自己中考完也瘫倒了，但是没想过这么描写自己的状态。

但是其实我对你写的东西也有一些疑问。

比如说在你的感官习作里，一杯"过期的葡萄汁"是怎么让人变得释然的？我真的不太理解这种情感。

还有，你在信里说："我觉得那时连空气都是甜的，你呢？我不清楚现在我所写下的这些文字是不是有些出格或者有点不符合我们现在的相处关系？"什么关系呢？你真的有把这封信给对方看吗？我看不懂你到底在这封信里表达了什么样的感情啊。

此外，关于另外一种死亡，你为什么会觉得它是漫长的呢？是觉得过程很长，还是觉得死亡以后的遗忘很长呢？如果你没找到它，你会怎么看待它的"死亡"呢？

也有两个bug我看着不妥，我说一说我的想法。

bug1：我觉得你那个四季的内容，结尾很突兀，我以为你讲完春天的景象、老人的面容以后，还会再讲一点自己的感受，但是以这个鸡蛋的小故事结尾，怎么都觉得很突兀啊。而且你加上这样一个结尾，我就不懂你想表达的感觉了。写这样的习作，想到哪里，就连贯地想接下来相关的事情，再写下来，这样是不是会让人看得舒服一点？

bug2：感觉《关于我的死亡》第二段那个对比挺不自然的，像是为了突出自己而有的描写，我觉得那一段其实可以没有，文章看起来反而会更自然。

我看了你的习作以后，印象就是写得率性洒脱，但是又有抒情的一面，有点分离吧。其实我对你的文章有一种感觉，就是故事是故事，环境是环境。为什么不联系在一起写一写呢？感觉你这几篇习作里明明有环境描写，但是却没有对我阅读你的习作产生什么帮助……

> 看了你的习作以后，我比较期待看到你的散文，因为你的习作看起来更像散文，而且文笔不错（也挺期待回忆录，看那封信觉得如果有回忆录是有内容可以写的）。
>
> 最后是我的一些小问题，也希望作者可以帮我想一想这些事。
>
> 我从来不喜欢写故事的，我更喜欢写自己的议论，或者发表看法，并且分析。我比较担心到后面写起故事来我真的写不出东西……
>
> 我文笔很差（一直都是），而且如果去用描写或者修辞或者写作手法，我就会觉得自己特别刻意，看起来很不自然。这个怎么办呢？
>
> 有的时候比起真实的事情，我更喜欢加一些虚构的描写，我总觉得这样不好，但是又改不掉，怎么办？
>
> 不听音乐就有点写不出东西，我想把这个习惯戒了。怎么做好呢？
>
> 这大概就是我的看法吧。
>
> ——龚展贤

小组合作

如果是在课程里，创意写作一定要拥有小组合作。毕竟，写作本身是个孤单的差事。如果不是为了跟他人分享同款 deadline 前赶工熬夜的狼狈，或为了目睹迥异的文风和写作心态大开眼界，以及为了暗地里较劲和切磋，谁不能自己一个人单曲循环在半夜两点钟激情敲字呢？

比起足球课或者生物课的小组合作，创意写作课的小组合作更难、更微妙。不仅要求老师有营造安全感的经验，适时植入"求同存异"的创作理念，还要求来上课的学生秉持比较诚恳开放的心态。而不管喜欢写作还是抵触写作的人，其中总有些家伙是非常戒备与人交心或者总想评判他人的。这里的小组合作，更像一种真刀真枪的人际互动。它充满了各种不稳定因素。

尽管如此，能和跟自己性格、背景不同的人分享童年最喜欢的零食、动画片或最深的伤痕，能听到文风很不同的人不约而同对自己的作品给出中肯的建议，甚至能在这里认识一些有趣的灵魂，再多付出都是值得的吧。

我不会低估小组合作的难度和挑战性。如果这是一个灵魂试炼场，那就让它来吧！既然你都可以敞开了写作，你还怕什么？我想唯一的忠告是：你希望别人怎么对待自己，你就要怎么对待别人。在这里，如果我们希望别人通过文字懂得自己（至少别误会），那我们也应该把组员们看作活生生的人。不仅要关注他们的文字，还要在阅读时提醒自己：这些文字和平素上课时那些不可捉摸的行径来自同一个人。理解来自有诚意的尊重。

创意写作课小伙伴的创作谈

其一

故事最好还是写完

我最开始接触写作是在小学四五年级的时候，因为家里离图书馆近，所以放假就天天往那里跑。我又不乐意写作业，最后就找书看。之前因为爸妈对我的教育很有些想法，所以林林总总也看了不少书，又在图书馆里找到一个很喜欢的系列，大概就是把初中生写的故事合在一起出的书，叫什么"阳光姐姐"之类的。看得我那叫一个激情澎湃，每天就想着也琢磨出一个故事来发表在上面。可能从那时候开始就有了"咕咕精"的前兆，故事大部分胎死腹中。当然也有幸运一点的被我写出来了，当然现在看惨不忍睹，但是那个时候我可开心得不得了，自然想着怎么去改进。还有一点是万恶的网络小说，虽然没能从里面获取什么有关考试的东西，但是我会模仿它们的写法。我还喜欢有声书，每天循环地听。耳濡目染地，我就知道该怎么让自己的叙事读起来很"对劲"了。

在六年级吧，那个时候写的文章比较多。看了喜欢的小说，被激励写同人文，所以果然激情是第一生产力。有两篇是比较长的，然后还有同学的同人文……其实也挺神奇的，同学跟我一块儿写的，那个同学也挺厉害的，总能把暗恋变成明恋，也是一个怪"狗血"的三角恋，当然都只有开头。刚上初中那段时间倒是没怎么写了，跟同学混熟以后写过一个原创的小故事，后来为喜欢的剧写过几篇同人文，八年级第二学期的时候喜欢上APH（《黑塔利亚》），写了不少同人文，比之前所有加起来还多。最后就是上高中以后的"创写"啦，其实有点遗憾高中里没为最喜欢的APH写篇同人文，也许下次写。

纵观我短暂的写作经历，其实很大部分与同人文有关，也许这是创作的第一步，我暂时无力驾驭完全自设的人物与世界观，于是借用已有的，加上喜爱带来的动力，进行懵懵懂懂的描绘。另外我觉得作文教育在这之中还是贡献了蛮大的力量的，对各种描写和主旨等的把握能力其实在语文课上能够得到锻炼，为之后的创作提供了基础。但是这种程度的写作其实完全取决于热情何时被消磨殆尽以及老师鞭策的程度，当没有人督促而激情又逐日消减，就会变成只有开头的文章。所以我认为写作应该变成一种习惯，指的是当你正在写一个故事的时候，理应规定时间去完成，以保证每天即使你根本没灵感也能写出点东西来。这样完成一个故事的概率会大一点。

于我而言，创作永远是最开始构思的时候特别兴奋，写起来非常困难，但是永远不长记性想着下次继续写。事实上我现在就在写一篇臭长臭长的同人文，就快滑入不想写的深渊了，我正在努力克服，希望我能在寒假之前写完。希望大家都能写出自己喜欢的故事，以及写完。

——2025 届 同明

其二

必要性与意象

我常实践的思路，或者说思维方式，应是以真正实现"文学"的必要性为目标。

比方说，在创作时，我调动新旧一切认识去塑造某个形象、环境之类，为的是契合希望表达的主题、渴望申发的想法，不能把固定的补丁贴在某个偶像上。

这里举一例。笔者的首篇成文作品《一次诀别，风》写梦——"梦"的主题决定了笔者所预设的情境是"记忆"中的一部分，是十余年前的沙子和狂风。类似的文章里，则绝对不会写出所谓平易近人的乡村啦蓝天啦太阳啦等等。

这样做的目的，或者"必要性"，在哪里呢？我想到，我要说的话将在某处说出（想法和意绪将在未来的一个地方延展下去），因而有必要"写"，因而"创作"和"写文章"的价值于我而言是存在（那篇文章映射了笔者的迷惘和混乱）。换言之，在我看来，不以"思想"而以解决差事为目标的文字，显然是没有价值的。

接下来，我想说说"意象"。通常的情况是，一件默念颇长时间的事物突然出现在了你的眼前、耳边，并成为你文章的一个有机组成部分，这就是意象。

那么一些默念过的东西是哪里来的？可能是一些源于现实的语素，却或许已被剥离了现实的意义。

例如"安河桥北"。在你凝视地铁线网图或往复搭乘地铁的过程当中可以知道，它是京港地铁4号线北边的终点站，它是4号线唯一的地面站……但在上面的情况里，人——我也无数次地这样陷入一个虚无中——会对脑子里的词一遍一遍打量，一遍一遍受它的刺激而感到"美"之无边，直到不认识每一个字。于是你以此为核心去写，在里面编排一切。"安河桥北地铁站东北口步行270米即是"（引自"土土沙狗"组员三词造句作品）、"安河桥北的存在"、"灵魂会看见安河桥北"、"于×××，远方代表安河桥北"，如此下去。之后的创作过程，就将不是我在个人视角下所能预见的了。

意象的根源是观察和感受。这就是说，如果对一个写作者而言，某个物件没有被观察到（或此人忽略/舍弃/忘却了它），又或是观察到后没有唤起此人的感受，那么它就不会被写到此人的文章里，作为传达人之意绪思想的载体。而对我们而言，免除意象枯竭之苦的方法是沉浸地观察与思绪萦绕（引用其他班级中写下的任务标题），"并且无须试图打捞"，用 elusiveness 得到与我们脑中思绪最契合的物什。这其实也正是我们在"默念"时所做的事情！

　　其他获取意象灵感的方法，包括但不限于闲下来读书和"想"（尽量不要被人"要求"而为）、诗歌、音乐、拍照片（不需要专业技巧）及其他可以寄托情感的爱好。若能从这颗种子里生发出偶得的创作灵感，或同自己所想、可能所写的内容建立起联系来，则更好些。

　　另外还有一点：我们文章中的意象、人物等等要素，应存在并来源于现实，而不能像片段随写那样"我手写我所想"。否则，这个叙事体系的骨架就易于崩塌，"表达"的目标就有无法达成的风险；况且这对他人的理解不是全然有利的。前面提到的《一次诀别，风》那篇文章，也存在着这样那样所谓意识流的问题。原先的设想是，强调"作者情感"；但真正的境况是，过分偏重"传达思想"，却适得其反地使得文章"难明白"。

　　这里先谈上述几点。

——2025 届 黑陶土堤[①]

---

① 请在微信公众号"赤盐"中搜索阅读黑陶土堤的作品。

其三

《米沙的冬天》作者阐述[1]

最初这篇文章出现在我脑海里时只是一幅画面：一个少年在林间雪地上奔跑。那大概是去年冬天吧，也就是高三上学期的时候。这幅画面在脑海里久了，我便开始想：他是谁？他为什么要这样跑？

为了回答这些问题，他有了背景，有了名字——我在分享会上大部分时间在讲角色的名字。总之，那是苏联卫国战争时期，而他要叫米沙·斯捷潘诺夫。米沙是米哈伊尔的昵称——米哈伊尔和大家更熟悉的英语中的迈克尔一样，都是来自《圣经》中的米迦勒，是典型的有基督教色彩的名字。但这不重要，我这么取是因为这个名字简短好记又好听，也因为大家想到苏联或者俄罗斯时总想到熊，而就像我们喜欢叫猫"咪咪"一样，俄罗斯人喜欢叫猫"瓦夏"（"瓦西里"的昵称），而喜欢叫熊"米沙"，比如1980年莫斯科奥运会的吉祥物就是米沙熊。至于斯捷潘诺夫这个姓氏嘛，是因为我很喜欢的文中也出现过的那首歌《小雄鹰》在60年代有一部改编动画，其中主角姓斯捷潘诺夫。

有了名字，第一句话就在一天晚自习的时候直接出现在了我脑子里：米沙·斯捷潘诺夫是一名今年十五岁的游击队员。

---

[1] 这份作者阐述是阿留诺克以《米沙的冬天》参加本校第二届"故事奇点"杯写作大赛并获得三等奖之后，为"赤盐"公众号推送所写的。请在微信公众号"赤盐"中搜索阅读《米沙的冬天》。

可这样太长啦,我又想,还是缩短一些吧。于是第一句话就变成了现在的样子:米沙·斯捷潘诺夫今年十五岁。

之后的句子就在那个晚自习不断涌现出来了。我把它们记在学校发的平板电脑的备忘录里。从画面变成文字其实过了挺久的,开始动笔写应该已经是高三下学期的事了。上学期的时候读了一半的《静静的顿河》,下学期就在开始写的那几天看完了契诃夫短篇小说集——契诃夫对我的精神状态帮助极大,安东·巴甫洛维奇我永远爱您——这些对我都多少有影响。说来,这次公众号版的油画配图是伊萨克·列维坦的作品,因为他是契诃夫的好友。

直到整个第一段写完(截止到米沙过河为止,不是说标题"一"的整个第一部分),我才突然意识到我没有提到任何战争相关的内容——把外套脱下来垫在冰面上增大受力面积、减小单位压强,这还是我小时候看荒野求生相关节目学的。于是一个最初是无意之后是有意设置的情节出现了:"二战"的背景在米沙见到达丽亚时才会被揭晓,读者才会意识到。

达丽亚这个角色的原型是一部我非常喜欢的电视剧《星际迷航:深空九号》中的一个角色 Jadzia Dax。怎么说,就是我太爱她啦,所以忍不住去写!但戏份很少啦,还没到能看出来原型的程度。大家都快去看这部剧!可以找我要资源。

好了"安利"时间结束。跑题了,跑题了。总之第一段的写作就是这样,而我接下来写的是"四",也就是米沙最终牺牲的结局。这就不得不提阿廖沙这个角色了。电影《士兵之歌》中的主角阿廖沙，经典苏联歌曲《阿廖沙》中的士兵雕塑——许许多多文艺作品中的阿廖沙们，他们都牺牲了。我最初的想法是阿廖沙会从始至终和米沙在一起，就像镜子中的倒影，是一个更加完美的士兵，更加善良勇敢、高大英俊。而且这一次米沙会牺牲，阿廖沙会活着。但开始动笔写作时考虑到大家一下子记这么多人物会困难，于是决定在安德烈牺牲后再让阿廖沙出场，减少了同时存在的主要人物数量。

大概是高考前一两个月的一天，我因病晚自习请了假，骑车回家的路上看见路边的一排杨树被风吹动，蓝天有一角被夕阳和晚霞染成淡紫色。那天晚上我躺在床上睡不着，爬起来写了未来会用在《茨卡达耶夫的夏天》那一篇中的列别捷夫之死，以及米沙牺牲的整个"四"。"四"这部分，除了临提交前把写"三"时临时加入的人物莫洛兹稍微提了一下之外，一笔未改，就是那天晚上突然写出来的样子。所以后来为了在前文中呼应"四"的开头那句，当时不知怎么就写上了的"雪坑也不再能将他困在其中"，专门再次调动我的荒野求生知识写了针叶树下的雪坑那段。

"二""三"两部分就是高考后写的了，开头和结尾都已经有了，中间的部分顺理成章，却感觉没有之前写得好了。第一段的开头真是我自己也觉得得意啊，仔细斟酌语句用词，将那片雪林写出来，分享会上看大家反应也觉得好。

在我的原创作品中，这篇是我第一次为人物而写故事，脑子里有场景和人物，于是又出现了故事。之前则是脑子里有了故事，我想把它们写出来。这次是我想把这几个人物介绍给大家。

最后，因为我现在已经上大学了，学校再三强调学术论文抄袭和真实性的问题，所以我声明一下：本文大量借鉴各类苏俄文艺作品特别是卫国战争文学，其中修钟表的那个情节几乎是照搬《瓦西里·焦尔金》（但我一定要把钟这段加进去，重点是在米沙从小就仰着头看钟、摆弄钟，因为据我家长所述，我一岁多回老家的时候就一直盯着太爷爷太奶奶家墙上挂的钟看，还伸手去够——这故事我听了无数遍）；本文毫无历史准确性，请勿考据白桦村在哪等问题——你会发现战役时间和战线变化可能完全对不上；文中所附图片无法找到具体来源与版权方非常抱歉；欢迎大家批评讨论，没有顾及的地方也先行诚恳致歉。

最后的最后，致谢与致歉，除了上面提到的之外，还要特别感谢彼得·伊里奇·柴可夫斯基与谢尔盖·瓦西里耶维奇·拉赫玛尼诺夫。你们的乐曲陪伴帮助我走过高三时光，你们的名和父称乃至一些特征，在我想不到角色名字和形象时被我借用。特别感谢山精与白东海和我交流讨论、对我写作的特别支持，你们的帮助，或许只是几句话，都对我能够完成这部作品并让它成为今天这个样子意义重大。也感谢分享会上的大家以及本次"故事奇点"杯写作大赛的评委们对我作品的喜爱！我争取再接再厉，完成四部曲剩下的两部（但不能保证，而且就算写出来了也可能要到明年了）。

——2023 届 阿留诺克

彩蛋：如何由 OC 世界观进入创作？

从造物主，化身讲故事的人

OC（original character）世界观，指的是作者的原创世界观。

相对来说，它不是依托其他人作品里的世界观（例如："哈利·波特"系列的魔法学校世界观），也在一些关键设置上与我们所处的现实世界不同。它往往在故事背景的物质属性、社会文化方面有着自己独特的构想和设计。而这些往往会影响甚至决定故事里的人物性格、命运以及情节发展。

拥有自己的原创世界观，是一个写作者智慧与勇气的体现。而完成一个原创世界观的作品创作，则需要时间、体力、精力与创作经验。

为帮助年轻的写手们规避挖坑太大填不上的误区，这里放一份创作之前的头脑风暴。

头脑风暴第一步

请写一下你的原创世界观里有什么？

1. 独特的时间线。
2. 独特的空间。
3. 独特的世界运行规则。
4. 你有哪些人物？其中主要人物是谁（与谁)？
5. 其他……

头脑风暴第二步

三人一组，每个人给写手提出 2~3 个问题，包含：

1. 旁观他/她的世界观逻辑是否足够缜密。
2. 旁观他/她的世界观中作者最在意的是什么。

头脑风暴第三步

区分：背景交代 vs. 出现在叙事中的主要情节线。

寻找：主要情节线 & 主题。

作为作者，你最在意的是什么？

A. 你最在意的是某个人物的成长/命运→请做一份人物小传。

a. 写出人物面临的最大挑战（大，而且不好解决的事情）。

b. 写出人物一生中最大的转变。

c. 写一下人物的葬礼（他/她是怎么死去的？死亡对于这个故事里的他/她意味着什么？谁参加了他/她的葬礼？）。

d. 请设想你未来故事里人物的结局，由结局倒推故事中段的情节。

B. 你最在意的是整个世界观里的宏大思考→请找出哪个地方能体现你的宏大思考。

→请把你的思考聚焦到某一个或几个人身上，然后沿着 A 的思路先整理出核心人物的小传，再看看如何用他/她的命运呼应整个世界观里的人物命运或者世界改变。

头脑风暴第四步

请以主要人物面临最大挑战的危机时刻为开端。

从这里开始，写一份故事梗概。

要求：

1. 找到危机时刻。在梗概中写出从"危机→高潮→结局"情节推动的大致过程。200~500字即可。

2. 请标记出其中你预计最难写的部分是哪儿。

3. 请区分背景架设与故事里的情节讲述。请标记出，其余的世界观背景架设你将在讲述的哪个位置交代。

并且，请完成对你的两个小伙伴的读者互评。

1. 梗概让人清楚作者打算从哪里切入这个世界观的事件、核心写些什么了吗？

2. 你认为梗概区分清楚交代和情节了吗？

☞ 给教师的建议

我想起约翰·缪尔[①]在《阿拉斯加的冰川》这本书里描绘过的一个场景：探险途中约翰自己率先跃过了危险的冰桥，留下随行小狗斯迪汀在摇摇欲坠的冰桥这端因恐惧而吠叫。最终，斯迪汀于绝望辗转中鼓足勇气，奋力一跃而起，安全抵达对面冰地。绝地求生的刺激让它歇斯底里地打滚，像漩涡中的落叶。约翰只得努力告诉它，天黑前还有很远的路要赶，需要积蓄最后的体力……我不算什么像样的写作者，但我经历过创作时心胸的激越涤荡，也经历过被困住的无奈和赶工的仓促，的确能更好地理

[①] 约翰·缪尔（John Muir, 1838—1914）美国博物学家、探险家、作家，也是早期环保运动推动者。他推动了约塞米蒂、国王峡谷等国家公园的创建。

解学生写作者的乐此不疲，以及他们面临的挑战。在真实的写作中，这挑战确实很多时候颇为艰巨。

但如果你也深深参与进来，这就变成了师生彼此分享秘密、共同成长的过程。

附一： 我是什么样的写作者？

我是这样的写作者
调查问卷

一、话题 & 主题

1. 生活中，你有什么一直关注的话题吗？例如：个人成长、爱情、家庭、校园、官场反贪腐、机器人、AI、社会时政……
近来你有没有在习作/大作品/日志里涉及它们？

2. 你有什么坚信的价值观吗？例如："人是孤独的""人终将会成为他/她所厌恶的样子""爱就是一切"……

3. 你有什么特别感兴趣的叙事（故事）类型吗？例如：同人文、SCP文档、"果泥"、军事、赛博朋克、现实主义、公路、推理、"西幻"、奇幻、童话、历史、非虚构（社会话题、身边人的命运）……

4. 这一生你最想写什么？例如：菜谱、情书、家族史、关于弓形虫的科普文章、给女儿写个小童话、写下想对妈妈说的话……

二、写作心理

1. 你理想中的写作和自己在现实中经历的写作有什么区别？

2. 你害怕写作吗？你在这件事的开始/中期/尾声会拖延症发作吗？如果有，你的解决办法是怎样的？

3. 什么时候写作给你带来快乐？

4. 你希望给什么人读到自己的作品？不希望给什么人读到

自己的作品？为什么？

5. 如果没有读者，你还写吗？如果没有夸奖，你还写吗？

6. 你希望听到别人给你作品哪方面/什么样的反馈？

7. 你一般怎样获取灵感？什么样的时刻，你会冒出想要写点什么的念头？一般你会付诸实践吗？什么样的事物，会激发你写作的欲望？例如：景色、对话、刚刚经历的事、某个场所、刚读过的书、自己的情感经历、最近的思考、梦、睡前的内心小剧场……

8. 写作时，最令你苦恼的通常是什么？

9. 什么力量/环境/事物能帮助你持续写作？

10. 什么因素会影响你持续写作？

11. 对于写完的文字，你通常持什么态度？例如：这是我的孩子不许碰、闲人免进、谁来夸夸我、求读者、快让我忘了它、珍藏……

12. 写作对于你来说是什么？

三、气质 & 审美

1. 个人认为，你的文字里有什么气质/味道？

例如：哀伤的气质、"逗比"、喜剧、深邃的哲思、笑中带泪……

2. 你喜欢什么样的文风？

3. 你喜欢什么样的音乐/绘画/文艺作品？

4. 你希望自己的文字像谁的那样好/有魅力？

四、技巧

1. 写作时，你愿意翻来覆去写的是什么？例如：对话、风景、"狗血"的冲突、抽象的道理……

2. 写作时，你常常卡在哪里？例如：开端、结尾、制造冲突、人物对话、细节……

3. 你在意营造戏剧冲突吗？

4. 走在路上，你喜欢偷听人们的对话并且下意识记在心里吗？

5. 你对风景（天、云、植物、地平线、花瓣）和建筑的轮廓、光影、氛围更感兴趣，还是对发生的事件更感兴趣？

6. 你对人性有兴趣吗？你好奇不同举止背后的动机、不同价值观背后的养成过程吗？

7. 你喜欢哪个类型的人物（拥有什么气质/命运？生活在什么时代/环境？外貌特征？职业？）？

8. 你写作时会运用什么样的个人特色小手法？

9. 你有习惯的语言风格吗？你有惯用的词汇/句式吗？你有惯用的意象吗？

10. 你常用的人称（叙事视角）？偶尔转换成不常用人称时，你的感受如何？

11. 你喜欢需要架设世界观的宏大作品，还是捕捉精彩时刻的短篇作品？你更擅长长跑还是短跑（如果硬是要选择）？

五、别人怎么评价你的作品？

请举1人以上的评价作为例子。

六、你有非常喜欢的写手/作家/作品吗？

1. 关于写手/作家——仔细想一下，你认为他/她的个人特色包括哪些？

他/她有什么常用的叙事手法、意象、核心话题/主题？

2. 关于作品——这部作品最让你赞叹的地方在哪儿?

3. 你平时喜欢读什么书/读物?

哪种是让你望而却步的?哪种会让你产生"我要是能写出这样的文字该多好"的念头?

4. 什么样的读物会让你一读再读?

总结

在写作中,我擅长_____。

我不太擅长_____。

我喜欢利用写作_____。

我认为自己应该加强_____的能力。

_____让我写起来没完,_____是我不想碰的。

我可以看到自己的一些思维特点,例如_____。

为了发挥自己的潜能,我也许需要_____。

我在写作上最大的苦恼是_____。

我记忆中最好的一次写作经历是_____,原因是_____;最煎熬的一次写作经历是_____,原因是_____。

以前,我在写作上的目标是_____。

这个目标或许需要调整?调整后,它会是这样的_____。

这大半个学期,我对写作的态度有了转变_____,主要体现在_____。

此刻,关于写作,我自己想要改变的是_____,想要持续努力和发展的是_____。

关于写作,我相信_____,想要了解_____。

关于自己和写作的关系,我相信_____,不确定_____。

附二：创作中常见问题解答

写作指导书"隔空指导"的性质决定了它再怎么设计周全，也无法解决每个读者的具体问题。而写作者常常认为自己的问题是很个人化的——它源自你独有的状态和局面。

这里，我收集了一些学生写作中的常见问题，统一作答。有些你以为只有你有的问题，其实是很多写作者会遇到的。还有，你的确有特殊情况，但希望你能从这些常见的问题及解答中，收获对自己有益的启发。

● 问题：必须动笔了，但我什么想法都没有，怎么办？

脑海中一片空白，是最吓人的事吧？尤其时间在流逝（deadline迫近……），不管你是真的一个想法都没有，还是没有好的想法，我能感受到焦虑在啃噬你的心。这种情况，其实大家多少都有过，不管你相不相信。首先你要做的——放松下来。

焦虑是无益于灵感的诞生的。

但不是彻底松懈。说"适度放松"也许更好些。

推荐你试一试自由写作。5分钟（如果是在考场上）或者15分钟，这些时间你无论如何总会拿得出来的。坐下来，拿起笔，随意地写点什么。不要管内容或者格式。慢慢地，在这种散漫的写作中，你或许会撞上这个点或者那个点是自己真心感兴趣的。然后，事情就简单了：沿着感兴趣的话题，先写下去吧。

如果时间紧急得连5分钟也没有，那就让目光离开纸面，抬头去注视窗外的天空吧。发发呆，不受羁绊的白云和飞鸟会带给你好运。

如果不是在考场上，而你已经焦虑得一个字也写不出来，建议你放下笔出去走一走。听听音乐、打个盹儿也是不错的选择。总之，暂时撇开山一样的任务，让心智自由地小小游荡一下，给灵感一点点能够发芽的空间。但是，不要立即投入闹哄哄的环境中去，那样也许你的心里会更加纷乱。记得前面关于灵感的诸多提示吗？灵感需要适度地独处。

不管首先冒出的灵感会不会是你最终的故事"关键词"，至少你可以有话写下去。当你噼里啪啦地写起来，会很快忘记焦虑，转而去解决具体的问题了。

● 问题：我总是没有办法开始写，怎么办？

有时，你不是没有想法，但就是没法动笔。你揣着一个也许蛮不错的想法，找各种理由去做其他事（打游戏、和朋友聊天、看电影，甚至写你本来最讨厌的物理作业），"顾左右而言他"。那么，你需要问自己，是否写作的过程对你来说不是一个愉快的过程（因此，你要延迟它的开始）？

比如，很多时候，我们会觉得：如果想法不够完美，就不值得付诸实践。因此，我们要等待，等待一个伟大、精彩动人的故事全部现身了，再动笔。

如果是这样，那你只能一直等下去了。

写作的乐趣，本来就是在写作的过程中一点一滴地创造和积累的。没有"全想好了再下笔"这回事的。

"写"比"写得完美"重要，真的。

● 问题：真的不知道该写什么，我没有话说，怎么办？

你确定？

我总是见到那些嚷着"我没有话说"的人写起来就停不下来呢。

从你熟悉的事物开始吧,就像书中的那些写作任务一样。

想一下你的童年是在哪儿度过的?它有什么与众不同之处?

对着镜子看自己的脸,从这张脸上找一点故事出来。

给你的朋友们编一个历险记,让他们去你最喜欢/讨厌的地方旅行。

你喜欢运动吗?或者美食、打游戏、户外活动……写一写你在最喜欢的事情里曾经经历了什么吧。

…………

不要试图一下子抓到天边的云,先从自己身边的点点滴滴开始。要知道,每滴水中都能映出一个世界呢。

● 问题:我总是边写边停下回头看。不把前面已有的部分弄得完美,我就不肯往下写。怎么办?

有的时候,这种情况源于作者不确定之后写什么。因为没有把作品推动下去的动力,就停滞在已有的部分里。所以,我有时看到一些作品的开头节奏缓慢,有个不合比例的"大头"。

有时,这是因为作者有一种想法,就是每个写出来的字都必须是完美的,如此方值得在世间露面。所以,他会对写出的部分百般审视,而推迟了作品展开的进程。

不管是哪种情况,你要知道,作品的价值首先在于它要充分地展示自己——是个有头有尾的完整作品。

写作如开车,眼睛要往前看。

● 问题:我写得比别人慢,怎么办?

是你写字的速度慢,还是写作的速度慢?

如果是前者,那么你可能会感到自己有点吃亏。但只要不是超乎寻常的慢，就都还好。

如果是后者，我想说：

写作和其他事一样，每个人都有自己的节奏。

有的人灵感来了，日进万言；有的人每天几百个字到头了。如果你了解一点作家的逸事，你会发现，即使都是作家一族，他们每个人在这方面的习惯、方法也是千差万别的（如同他们产出的文字风格各异）。

所以，重要的是找到自己的节奏。快慢/字数多少，都并不与作品质量成正比。如果你有什么具体的问题，那就想办法解决它。不要纠结于"快慢"。

● 问题：我的故事字数比别人多/少，怎么办？

因为考试时作文有字数的限制，有时我的学生会为故事"写长了"而发愁。

也因为学习写作之初，能写得长就意味着有更多的话说，非考试时学生们会不由自主地比较字数，以故事字数多者为众人膜拜的对象。

但是，字数和写作质量也并不成正比的。

有话则长，无话则短，不是这样的吗？

短小的故事，也可以精悍而耐人回味；长篇大论也可能成为裹脚布。

所以，我劝你不要把注意力放在 Word 文档的"字数"那栏。更重要的，还是你写了什么。

有的时候，我们想要创建一个庞大的故事帝国。有的时候，我们的故事就是点燃灵感的那么一记脆榧，没有，也无须多言。

不管怎样，尽力把它写好吧。

当然，在给定的字数限制内经营好一个故事，也是本事。但只有你体会过无拘束任由故事生长的乐趣，才能更加明白：在给定的字数内，应该装些什么。

● 问题：我的灵感是位"不速之客"。有时恰巧在我最需要它时，它却不来，怎么办？急等！

灵感是个精灵，不要用网子去捕它。

那样，你反而可能碰伤它如纱的羽翼。

可是有时，情势又不容我们久等，怎么办呢？

不妨主动走进灵感所栖身的万事万物中去吧。做一个深呼吸，放下不自觉间耸起来的双肩，闭上双眼，再重新睁开。

你听到擦肩而过的人们的只言片语了吗？觉不觉得好像每句普通的话语背后都可以蕴含深意，吸引你像柯南或者福尔摩斯一样破解字词背后的密码？

你看到平凡景致（缓慢驶出站的公交车、电动车上戴着头盔和毛线露指手套的快递员、一棵严重歪向马路牙子内侧的槐树、吊在半空看不清面目的蜘蛛人……）的细部了吗？它们如果可以开口说话，又会诉说什么呢？这里是否爆发过争吵？谁曾在这里驻足哭泣？

你闻到空气中的麻辣味儿了吗？它唤起你关于什么的回忆了没？

…………

不用着急做什么，就当第一次来这里，在这个世界徜徉一会儿。当你发现自己已经融入其间时，灵感的线头自然会从某个缝隙探出头，朝你招手。

● 问题：开的"坑"太大了，故事写不完，怎么办？

初次写故事的人，常常雄心勃勃，要在故事里创造一个完整的世界。

于是，往往三五千字过去了，他发现自己还在介绍背景。

而且篇幅越大，往往涉及的情节越多、人物越多、线索越复杂。这一切，都对写作者驾驭故事的能力、写作的毅力、时间和精力提出了更高的要求。

所以，你的确需要掂量，拥有鸿篇巨制的想法对你来说意味着什么。

有一点供你参考，那就是，即使你想建造一个全新的世界，先选择其中一个精彩的局部（单一主人公、单一时间线）写出来，也是不错的。因为读者完全可以根据这个局部，去想象你对于整体的设想，去设想那些你没写但发生了的和将要发生的事。好的故事，本来就应该有这个功能的。

写故事的乐趣在于写。不要沉溺于前面的"脑洞"阶段，应该要求自己边写边想。

● 问题：我不愿意写自己的负面经历，但这又是我真正想写的，怎么办？

每个人都有权写自己真正想写的。尤其，很多时候的确是负面经历更吸引写作者，也许因为我们从痛苦中能得到更宝贵的教益。

不愿写，大概出于两个原因吧。

第一，不愿触碰那段经历。

对此，我不会劝你什么。虽然写作是对回忆的一次洗礼，但只有当人们能够真正面对已发生的事时，这一举动才能起到应有的作用。

写什么、怎么写，决定权应该在你自己。

第二，愿意写，但不愿分享。

这件事，我也觉得不应勉强。写作（其他形式的表达也是）都是在个人的私密世界和公共话语间架起一座桥梁。如果无论怎样包装、替换，得到的都有可能是对自己的刺痛，那不如不分享。但是反过来，这是一种利弊的权衡。如果经过包装（很多"故事"都是把个人经历"改头换面"后拿出来给人看。人名、地名、个别情节可能会改变，真实的是作者的心意）的故事写出来，不管对当事人（自己）还是他人，都是有意义、有启发的，你不妨试试。

能够面对真相，是成熟的人应有的品质。

● **问题：我在故事里放了一些"得意之笔"，但是小伙伴不仅发现不了，还说看不懂我想讲什么，怎么办？**

在课堂上做大作品互评时，我发现一件有趣的事：不是每个人都喜欢其他所有人的作品（人们的趣味各不相同），但所有人都能指出一部作品最闪亮之处和问题最大的地方。也就是说，虽然"喜欢"是主观评价，但优缺点很大程度上是客观摆在那里的。

那么，一部作品里真正好的地方，读者应该是不会错过的（至少不应该所有人都看不出来）。为什么错过？我观察，往往是作者没有把故事讲明白。在没讲明白的情况下，真正想传达的意思就不一定能传达出去。

这是挺尴尬的。我的建议：

写作，不是为了挖坑让读者往里跳，最后感叹作者的高明。要把注意力放在自己真正想表达的东西上。为了挖坑而挖的坑，和为了表达而设置的埋伏，是不一样的。

● 问题：我写下的就是一些道理。我知道该把它们融到故事里去，但具体怎么做呢？

说教是故事的大敌。

故事的最大魅力就是从不说教，却能让人有所领悟。

创作的起点各种各样。有时，是一幅突然而至的画面（在你脑海中）；有时，是某种说不出却不肯离去的情绪；有时，是一个现实中让人觉得很特别的人物；有时，就是类似道理的东西，比如"最美好的却往往无法久留"。

你从种种生活经验中领悟出这么个道理，但你却无法直接把它变成故事，怎么办？

首先，希望你拥有一个人物，他的存在状况是和你的主旨（即"那个道理"）呼应的。上面提到的"最美好的却往往无法久留"，是一个学生一篇作品的主旨。起因是她非常喜欢一只大熊猫，她觉得它很完美，然后渐渐有了这么个想法。当她想为此写个故事时，她设置的故事背景是古时候隐逸山林的武林生活，主要人物是一个武功、外貌、内心皆美好的男子。而讲述的视角是从另一个生于功夫世家的女孩展开的（毕竟，对于"美好"和"无法久留"的凝视是需要距离的）。

其次，你要让人物行动起来，在故事里给他们布置具体的"任务"。如上面这个故事就讲述了男子偶然落难借住在女孩家（相识）、男子离去后女孩出外寻访等一系列的情节。

这个故事以男子因病离世，女孩得到故人遗物，面对空寂的大自然怅然若失为结尾。

要讲的故事，包含在清峻的山岭（场景及氛围）、青年人的友情（情节）、对男子的外貌描写（人物塑造）等具体的、展开的内容里了。

读到女孩站在寂静竹林的坟冢前，虽无法接受但也别无选择时，我心里也怅然若失。

● 问题：写到一半，就不想写了，怎么办？

有可能到这儿，推动你写下它的目标已经达到了。比如发泄对某人的怨愤之气，或者抒发一种朦胧的心境。需要想一下，你还有深层次的想法需要表达吗？只有主题足够有力量，故事才能持续地推进，直到结尾。

也有可能，面对已经写出的文字以及大片空白，你无法确信自己有足够的能力或理由把它完成。你会想，"反正写出来也没人看"，或者"反正写出来也是一团垃圾"。

在前面，我们提过这个问题——你是否相信自己这次的写作是有价值的？毋庸赘言，一句话：如果你不写，之后有什么可能性你也没法看到。为了正确评估没发生的事，请先把它变成现实吧。

● 问题：写到一半，有了新的想法，怎么办？

很多同学会有这个问题。

如果你能理解写作是边写边探索出自己到底在写什么，那你肯定能接受途中发生的"意外事件"。

如果是在考场上，那你动笔时需要对大致的框架、主旨有个把握。因为考试首先是看在限定时间内的作品完成程度，半成品是没有意义的。

但是，我个人认为，越是平时自由自在地写得多的人，面对给定的框架，越能有把握——他已经在各种尝试中理解叙事的范式和个人的写作能力了。

● 问题：写到一半，写不下去了，怎么办？

回头读一读已经写出的部分，再次确认自己这次写作的主旨和核心的动力。半路写不下去的人往往是"走哪儿算哪儿"型的。虽然说写作是边写边探索，但这并不意味着写作就是由着性子而为，而是需要不断提问、自问自答。所以，写不下去时，需要抽身出来，退一步，问自己到底要什么。

● 问题：我觉得自己文笔很差，写出来的东西自己都觉得没劲。怎么办？

有时，我们的文字功力跟自己宏大的构想比，确实显得平淡无奇。也有时，写完之前（甚至之后）我们无法相信自己能写出什么真正有价值的东西。那么，这时候你就别再回头看了。专心看着前面的路吧。

当你有目标时，你会忘了自己文笔到底差不差这个问题。

而文笔这种东西，就是在这样一次次习练中得到提高的。

● 问题：我觉得自己没有想象力，我实在想不出什么真正有趣的东西。

不想写就算了，出去玩一会儿再坐回书桌前吧。

想写，就认真写。

有真正想写的，就忘了"我有没有想象力"这些事了。

我也经常觉得自己没有想象力，但遇到想写的事物，我还是会真心觉得这一切有趣并且挺不错的。

● 问题：我写的东西不想和任何人分享，怎么办？

对着镜子，或者睡觉前坐在床头灯下，读给自己听，如何？

站在一棵树下，读给树枝和路过的风听？

打印两份。一份纸页折成小船，送到水面上，另一份读给水波听？

....

能读给自己听，有一天你就能读给最亲近的人听。

你有没有发现，只要你温柔地对待它（没有把它揉成纸团扔垃圾桶里），它被读出来的声音总是很好听？

● **问题：如何把创意写作课上学到的本事用于考场作文？**

创意写作鼓励"我手写我心"，鼓励写作融入生活。而考场不一定跟"生活"沾边，它还会给人各种限制（题目/时间/分数等级……）。考试是检验写作能力的方法之一，但它肯定不是让一个人持续写作的原动力。

尽管如此，这里学到的本事也是可以和考场对接的。

一个是叙事的能力，另一个是对写作的认识。

经历过创意写作的训练，应该给什么题目你都有话说。因为你知道，什么题目都能在日常生活中找到素材，而且什么题目你都能展示出自己的想法。

你应该知道叙事的章法——如何设计？如何推进？

你应该掌握写作的章法——既需要开脑洞，也需要在写作中不断完善自己的想法。

● **问题：不知道如何结尾，怎么办？**

不知道如何结尾的人，其实是不知道自己在写什么。因为不清楚主旨，所以尽管能设置情节，但却不知道故事应该收在哪儿、落在哪儿。

所以，先不要急着编结尾，回头看看已经写出的部分吧。问自己："我到底在写什么？"

● 问题：我不喜欢修改，这算是问题吗？

如果你理解修改这件事也是富于创造性的，你还会拒绝修改吗？

修改不是让理性的声音去"矫正"感性的表达。相反，它是理性辅佐感性，从而使表达更精确、更充分。

一遍遍地确认自己的心意，就像准备一场婚礼的过程，在挑婚纱、准备来宾名单、订蛋糕的琐事奔波中，在心里一遍遍确认"我愿意"。爱情若想长久，总要融于生活。写作要想有真正的生命力，也需经历磨砺。

也会有作品，一气呵成便是最好的状态，怎么改也改不过第一稿的感觉了。

但谁也不会每次都这样的。

● 问题：我不会写对话，怎么办？

我有个发现：不会写对话的人，经常是在生活中也不会对话的（以前的我就是这样）。

完全没有对话的故事文本（除非这是你精心设计的艺术追求），会显得铁板一块，缺乏和外界交流沟通的可能性。

你有没有感到，有对话的文本，由于对话会在纸页上留下更多的空白，因而也会在读者心里留下更多鲜活的想象空间，会给人自由、流动的感觉？作者不再全部掌控文本，很多潜在的可能性在字里行间穿梭。

如果你能理解对话是为了什么，你就知道在何时何地安排对话了。

至于怎么写出好的对话，电影是很好的示范。电影里的对话往往是在生活中的对话的基础上进行艺术加工，却还保留了其中的日常味儿。

● **问题：这本书并没有讲到修辞。写作时，我怎么能拥有好的文笔呢？**

这本书的确不重修辞，因为我相信修辞是叙事（故事）的外衣。如果把写故事比作有魔法的匠人做人偶，重要的当然是完工后人偶能坐卧奔跑、四肢协调、眼神有光。外衣是否华丽，不是最要紧的。

但是，文字修辞肯定是叙事的一部分，就像做人偶肯定要设计它的着装。那么，关于修辞，我能说些什么？

请每次都尽量用准确的语言去描写你真实的观察、表达你真实的想法吧。语言方面，"好"不是标准，"合适"才是。在这个总是寻找合适的语言的过程中，你的文笔会越来越好。

● **问题：老师，你能给我开个阅读书单吗？**

对不起，不能。

写作的素材，不外乎古人说的"读万卷书，行万里路"。创意写作课上写得好的同学，无一例外都是爱读书的。所以，说到写作，总有学生问起读书的事。

但是，我从不给任何人推荐书单。

因为我相信，读书如吃饭，应该是因人而异的事。每个人的每个阶段，都应该有自己的个性化书单。

我觉得，比读什么书更重要的，是爱读书。

所以，我只推荐你闲了去书店里转，看到什么喜欢的就停下来翻一翻。这本书会带你认识那本书，你的兴趣也会不知不觉地在不同领域、风格、作家间跳跃。

多说一句（其实是说给你的爸爸妈妈听的）：喜欢网络小说也没有关系。网络小说很多是类型化的故事。我们课上很多同学的作品是"二次元"风格的。当你读网络小说读多了，总有一天你会想要读点别的。那时，你会发现，那些被叫作"名著"的作品，常常是最有人情味、最有趣的。

● 问题：除了书里给出的写作练习，平时我还能怎么练习写作呢？

多写。

不拘任何成规地多写（不要管别人说你该写什么、不该写什么）。

这本书里的练习是精选过的，可能的确不够宽泛。但相信它们会起到这样的作用，即激发你到生活的任何角落去寻找素材、记录灵感。

如果你有兴趣读更多的创意写作指导资料，本书最后附有"其他创意写作指导资料"，不妨去那儿挑一挑。

● 问题：不好意思，但我还是想确认我有没有写作的才能（这决定了我会不会继续写下去……），该怎样做？

会有学生或者家长找到我，就是为了确认这件事。

看着他们严肃而忐忑的表情，我怎么说呢？

有的人，我心知他是写作的好料子，但我也知道他可能不会把写作当作职业或者事业。

也有的人，在我认识他期间，他一直在写。但我不确定未来他会不会一直持续地写，会不会转而向其他相关的领域（比如艺术、媒介）或不相关的领域发展。

我也见过某次写作平平的人，下一次的作品就会突然惊艳到你。他身上是如何发生这些变化的？我完全不知道。

对年轻的人来说，我觉得把事情锁死到"我有才能"或者"我没才能"上并不好。

如果想写，那你就写吧。

有一点是我知晓的。爱写作的人，往往能耐得住寂寞，在人群中并不显露什么，却喜欢默默在心底与自己对话。

● 问题：我想写的是真实的事情（我/我身边的人发生过的），这些也能写成故事吗？

能。

所有的故事，某种程度上都是基于我们在现实中的经验创作出来的。如果你不打算把已经发生的事改头换面，而是按照它们的真实情况展开创作，那就是"非虚构"（文学创作的一个门类，与"虚构类短篇/长篇小说"相对应）。开放的社会鼓励普通人用各种方式发出自己的声音。家族史、职业生涯、旅行或美食笔记，都是常见的非虚构题材。

我们的回忆录式写作，就是属于非虚构领域的。虽然那时我们还没涉及叙事范式，但你应该可以理解：涉及叙事的各个方面，虚构与非虚构都是一样的。非虚构作品也需要寻找推动叙事的力量，也需要一个丰满的人物形象。

我所能给你的建议就是，不管虚构还是非虚构，都是创造性的写作。不要因为素材是真实的，就让自己沦为只是忠实地记录所发生的一切。这并不是说你要编造，而是说，你依然需要思考这一切为什么会发生。只有当你有探寻的需求时，你的记录才真正具有意义。为了探寻意义，你可能会在讲述时打乱事情发生的前后顺序，按照自己的想法设置情节详略。只有这样，你才能站在更高一点的地方，重新审视所发生之事。

祝你有所斩获。

● 问题：我想写科幻/穿越/鬼/同人故事，我该注意些什么呢？

这些故事在叙事领域被称为"类型故事"（genre）。作为一种故事类型，它有自己的成规（从某种角度说，你也可以理解为"套路"）。比如鬼故事的氛围营造，"鬼"是真是假的揭示，科幻故事的"硬核"科学知识，穿越故事中（现实和非现实）两个世界的对比。如果你想要写类型故事，十有八九你之前读过这类故事，那你就要熟稔其中的游戏规则。

如果你想向某部作品致敬，那你要清楚它最让你折服的地方在哪里。如果你想反某一个类型化套路，那你要清楚那个套路的优缺点在哪里。

总之，类型故事不是纯粹的原创。但基于类型的套路表达自己对这个类型和世界的独特理解，也是很棒的事情。所以，首先你需要分析，需要真正了解这个类型。然后，你要清楚自己这次创作的目的地在哪里。只是重复他人，肯定不是有创造性的人能够满足的。

● 问题：我能写出脑海中萦绕的场景或者画面，让其中的每个细节都分毫毕现。但我不知道怎么继续下去，让它成为一个完整的故事。

有的人观察力很好，心思也很敏锐，让脑海中蹦出独特且细节丰沛的场景和氛围是很容易的事。然后，就没有然后了——他不知道该如何写下去。

怎么把静态的画面发展为动态的故事呢？

我在"任务9：梦的写作"那里，其实已经说过了——如何从单独的画面或者某种感受发展出故事来。

你需要多问"为什么"。

为什么这个人会出现在这里？他从哪儿来？要去哪里？

为什么他面露悲伤之色？

为什么他迟疑不肯向前，却又僵持着不肯后退？发生了什么事？

问"为什么"是不难的。难的是，要敢于让事情迈出你精心炮制的幻境，让未知（你作为作者所不清楚的事情）发生。

流水不腐。如果就满足于这种静止的创作，那它的生命力就会差一些，会显得"虚"或者"飘"。就算它看着很完美，也是没有用的。这个故事中不存在探索，因此也就没有力量和真正的美感。

你可以写"人物小传"，也可以根据对"为什么"的回答来一次故事脉络的头脑风暴。总之，要鼓起勇气推着故事往前走（它的历史）、往后发展。单凭一个点是站不稳的，当它发展为线、面甚至三维结构时，它才能稳当地立于时空中。

不要满足于已有的。要让探索之心引领自己去创造新的可能性。

其他创意写作指导资料

图书：

[1] 科恩. 写我人生诗. 刘聪，译. 北京：中国人民大学出版社，2014.

[2] 戈德堡. 写出我心：普通人如何通过写作表达自己. 韩良忆，袁小茶，译. 南宁：广西科学技术出版社，2016.

[3] 拉莫特. 关于写作：一只鸟接着一只鸟. 朱耘，译. 北京：商务印书馆，2013.

[4] 布兰德. 成为作家. 刁克利，译注. 北京：中国人民大学出版社，2011.

[5] 蒂贝尔吉安. 一年通往作家路：提高写作技巧的12堂课. 李琳，译. 北京：中国人民大学出版社，2013.

[6] 麦基. 故事：材质、结构、风格和银幕剧作的原理. 周铁东，译. 天津：天津人民出版社，2014.

[7] 艾利斯. 开始写吧！：虚构文学创作. 刁克利，译注. 北京：中国人民大学出版社，2011.

[8] 艾利斯. 开始写吧！：非虚构文学创作. 刁克利，译注. 北京：中国人民大学出版社，2011.

微信公众号：

创意写作坊

赤盐（北大附中创意写作课程公众号）

创意写作书系

这是一套广受读者喜爱的写作丛书,系统引进国外创意写作成果,推动本土化发展。它为读者提供了一把通往作家之路的钥匙,帮助读者克服写作障碍,学习写作技巧,规划写作生涯。从开始写,到写得更好,都可以使用这套书。

书名	作者	出版时间
综合写作		
成为作家	多萝西娅·布兰德	2011年1月
一年通往作家路——提高写作技巧的12堂课	苏珊·M. 蒂贝尔吉安	2013年5月
文学的世界	刁克利	2022年12月
创意写作大师课	于尔根·沃尔夫	2013年6月
渴望写作——创意写作的五把钥匙	格雷姆·哈珀	2022年6月
与逝者协商——布克奖得主玛格丽特·阿特伍德谈写作	玛格丽特·阿特伍德	2019年10月
心灵旷野——活出作家人生	纳塔莉·戈德堡	2018年2月
从创意到畅销书——修改与自我编辑	詹姆斯·斯科特·贝尔	2016年1月
精简写作	蠹田吉昭	2025年1月
虚构写作		
小说写作教程——虚构文学速成全攻略	杰里·克里弗	2011年1月
开始写吧!——虚构文学创作	雪莉·艾利斯	2011年1月
冲突与悬念——小说创作的要素	詹姆斯·斯科特·贝尔	2014年6月
情节与人物——找到伟大小说的平衡点	杰夫·格尔克	2014年6月
人物与视角——小说创作的要素	奥森·斯科特·卡德	2019年3月
经典人物原型45种——创造独特角色的神话模型(第三版)	维多利亚·林恩·施密特	2014年6月
情节线——通过悬念、故事策略与结构吸引你的读者	简·K. 克莱兰	2022年3月
经典情节20种(第二版)	罗纳德·B. 托比亚斯	2015年4月
情节!情节!——通过人物、悬念与冲突赋予故事生命力	诺亚·卢克曼	2012年7月
超级结构——解锁故事能量的钥匙	詹姆斯·斯科特·贝尔	2019年6月
如何创作炫人耳目的对话	詹姆斯·斯科特·贝尔	2016年11月
如何创作令人难忘的结局	詹姆斯·斯科特·贝尔	2023年3月
故事工程——掌握成功写作的六大核心技能	拉里·布鲁克斯	2014年6月
故事力学——掌握故事创作的内在动力	拉里·布鲁克斯	2016年3月
畅销书写作技巧	德怀特·V. 斯温	2013年1月
30天写小说	克里斯·巴蒂	2013年5月
弗雷的小说写作坊——劲爆小说秘境游走	詹姆斯·N. 弗雷	2015年7月
弗雷的小说写作坊——让劲爆小说飞起来	詹姆斯·N. 弗雷	2015年7月
从生活到小说(第二版)	罗宾·赫姆利	2018年1月

虚构写作		
小说写作完全手册（第三版）	《作家文摘》编辑部	2024 年 4 月
如果，怎样？——给虚构作家的 109 个写作练习（第三版）	安妮·伯奈斯 帕梅拉·佩因特	2023 年 6 月
成为小说家	约翰·加德纳	2016 年 11 月
小说的艺术	约翰·加德纳	2021 年 7 月
非虚构写作		
怎样讲好一个故事	飞蛾故事会	2025 年 1 月
开始写吧！——非虚构文学创作	雪莉·艾利斯	2011 年 1 月
写作法宝——非虚构写作指南	威廉·津瑟	2013 年 9 月
故事技巧——叙事性非虚构写作（第二版）	杰克·哈特	2023 年 3 月
从零开始写故事——非虚构写作的 11 堂必修课	叶伟民	2024 年 8 月
写出心灵深处的故事——踏上疗愈之旅（修订版）	李华	2024 年 9 月
自我与面具——回忆录写作的艺术	玛丽·卡尔	2017 年 10 月
写我人生诗	塞琪·科恩	2014 年 10 月
类型及影视写作		
金牌编剧——美剧编剧访谈录	克里斯蒂娜·卡拉斯	2022 年 3 月
开始写吧！——影视剧本创作	雪莉·艾利斯	2012 年 7 月
开始写吧！——科幻、奇幻、惊悚小说创作	劳丽·拉姆森	2016 年 1 月
开始写吧！——推理小说创作	劳丽·拉姆森	2016 年 7 月
弗雷的小说写作坊——悬疑小说创作指导	詹姆斯·N. 弗雷	2015 年 10 月
好剧本如何讲故事	罗伯·托宾	2015 年 3 月
经典电影如何讲故事	许道军	2021 年 5 月
童书写作指南	玛丽·科尔	2018 年 7 月
网络文学创作原理	王祥	2015 年 4 月
写作教学		
小说写作——叙事技巧指南（第十版）	珍妮特·伯罗薇	2021 年 6 月
剑桥创意写作导论	大卫·莫利	2022 年 7 月
你的写作教练（第二版）	于尔根·沃尔夫	2014 年 1 月
创意写作教学——实用方法 50 例	伊莱恩·沃尔克	2014 年 3 月
创意写作思维训练	丁伯慧	2022 年 6 月
故事工坊（修订版）	许道军	2022 年 1 月
大学创意写作（第二版）	葛红兵 许道军	2024 年 8 月
小说创作技能拓展	陈鸣	2016 年 4 月
青少年写作		
奇妙的创意写作——让你的故事和诗飞起来	卡伦·本基	2019 年 3 月
写作大冒险——惊喜不断的创作之旅	凯伦·本克	2018 年 10 月
小作家手册——故事在身边	维多利亚·汉利	2019 年 2 月
写作魔法书——让故事飞起来	加尔·卡尔森·莱文	2014 年 6 月
成为小作家	李君	2020 年 12 月
写作魔法书——28 个创意写作练习，让你玩转写作（修订版）	白铅笔	2019 年 6 月
有个性的写作（人物篇＋景物篇）	丁丁老师	2022 年 10 月
北大附中创意写作课（修订版）	李韧	2025 年 5 月
北大附中说理写作课（修订版）	李亦辰	2025 年 6 月

创意写作课程平台

从入门到进阶多种选择，写作路上助你一臂之力

扫二维码随时了解课程信息

"创意写作课程平台"由中国人民大学出版社"创意写作书系"编辑团队精心打造，历经十余年积累，依托"创意写作书系"海量素材，邀请国内外优秀写作导师不断研发而成。这里既有丰富的资源分享和专业的写作指导，也有你写作路上的同伴，曾帮助上万名写作者提升写作技能，完成从选题到作品的进阶。

写作训练营，持续招募中

- **叶伟民故事写作营**

  高人气写作导师叶伟民的项目制写作训练营。导师直播课，直击写作难点痛点，解决根本问题。班主任 Office Hour，及时答疑解惑，阅读与写作有问必答。三级作业点评机制，导师、班主任、编辑针对性点评，帮助突破自身创作瓶颈。

- **开始写吧！—— 21 天疯狂写作营**

  依托"创意写作书系"海量练习技巧，聚焦习惯养成、人物塑造、情节设置等练习方向，21 天不间断写作打卡，班主任全程引导练习，更有特邀嘉宾做客直播间传授写作经验。

精品写作课，陆续更新中

- **小说写作四讲**

  精美视频＋英文原声＋中文字幕

  全美最受欢迎的高校写作教材《小说写作》作者珍妮特·伯罗薇亲授，原汁原味的美式写作课，涵盖场景、视角、结构、修改四大关键要素，搞定写作核心问题。

- **从零开始写故事**

  高人气写作导师叶伟民系统讲解故事写作的底层逻辑和通用方法，30 讲视频课程帮你提高写作技能，创作爆品故事。

精品写作课

作家的诞生——12位殿堂级作家的写作课

中国人民大学刁克利教授10余年研究成果倾力呈现，横跨2800年人类文学史，走近12位殿堂级写作大师，向经典作家学写作，人人都能成为作家。

荷马：作家第一课，如何处理作品里的时间？
但丁：游历于地狱、炼狱和天堂，如何构建文学的空间？
莎士比亚：如何从小镇少年成长为伟大的作家？
华兹华斯和弗罗斯特：自然与作家如何相互成就？
勃朗特姐妹：怎样利用有限的素材写作？
马克·吐温：作家如何守望故乡，如何珍藏童年，如何书写一个民族的性格和成长？
亨利·詹姆斯：写作与生活的距离，作家要在多大程度上妥协甚至牺牲个人生活？
菲兹杰拉德：作家与时代、与笔下人物之间的关系？
劳伦斯：享有身后名，又不断被诋毁、误解和利用，个人如何表达时代的伤痛？
毛姆：出版商的宠儿，却得不到批评家的肯定。选择经典还是畅销？

一个故事的诞生——22堂创意思维写作课

郝景芳和创意写作大师们的写作课，国内外知名作家、写作导师多年创意写作授课经验提炼而成，汇集各路写作大师的写作法宝。它将告诉你，如何从一个种子想法开始，完成一个真正的故事，并让读者沉浸其中，无法自拔。

郝景芳：故事是我们更好地去生活、去理解生活的必需。
故事诞生第一步：激发故事创意的头脑风暴练习。
故事诞生第二步：让你的故事立起来。
故事诞生第三步：用九个句子描述你的故事。
故事诞生第四步：屡试不爽的故事写作法宝。